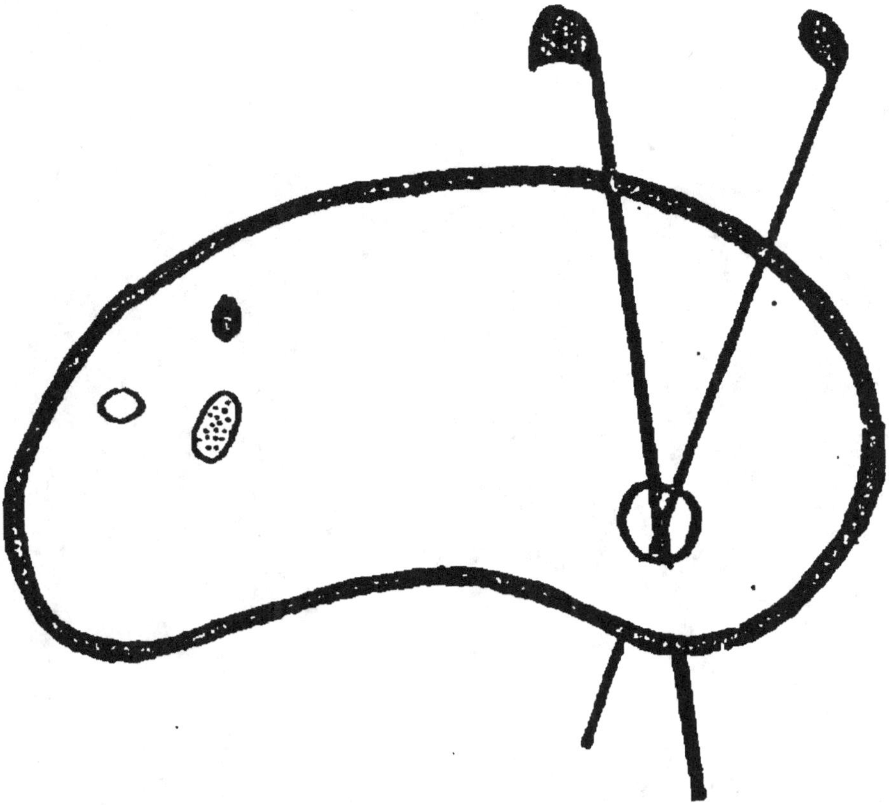

DEBUT D'UNE SERIE DE DOCUMENTS
EN COULEUR

PRÉFACE DE EDM. BRIAT
SECRÉTAIRE G^al DE LA BOURSE DU TRAVAIL
ALBERT DUPIN
L'OUVRIER
VADE MECUM A L'USAGE DES ADULTES
ÉDUCATION INDIVIDUELLE
ET SOCIALE
LIBRAIRIE CH. DELAGRAVE
15 RUE SOUFFLOT PARIS
A. DANY

DROIT, LÉGISLATION, ÉCONOMIE POLITIQUE

Droit usuel, par F. MARTEL, insp. général de l'Instruction publique, docteur en droit, et Charles LEGENDRE, président de la cour d'appel d'Hanoï (Collection MARTEL), cart . . . **2 50**

Cours de législation usuelle, par L.-Ch. BONNE, 8e édit. revue et mise au courant des lois nouvelles, par Henri BONNE, cart. **3 50**

Leçons élémentaires de droit commercial, à l'usage des écoles primaires supérieures, par L.-Ch. BONNE, in-18, br. . . . . **1 »**

Traité élémentaire de droit français (L.-Ch. BONNE), comprenant : 1° le droit civil, le droit commercial, le droit administratif et le droit pénal ; 2° la solution d'un grand nombre de questions pratiques ; 3° un formulaire de tous les actes que l'on peut rédiger soi-même, br. . . . . **5 »**

Éléments de droit usuel et d'économie politique, par L. DE LAMY, avocat, avec illustrations, cart. **1 50**

Les causeries du juge de paix, ou les contraventions expliquées (L. DE LAMY), avec illustrations, cart. **1 50**

Le droit mis à la portée de tout le monde, par le professeur Émile ACOLLAS, fascicules.

    Sont en vente :

    L'idée du droit. — Les successions. — Les contrats. — La propriété. — Les servitudes. — Les actes de l'état civil. — La propriété artistique et littéraire. — Les tutelles. — Le contrat de mariage. — Les obligations des commerçants.

Chaque fascicule, br. . . » 50 | Relié toile anglaise. . . . » 75

    Les délits et les peines. — Le droit de la guerre.

Chaque fascicule, br. . . » 75 | Relié toile anglaise. . . . 1 »
Les 12 volumes réunis dans un étui. . . . . 10 »

Principes élémentaires d'économie politique, par René TELLIEZ, juge au tribunal de Lille, cart. **1 25**

Le guide des délégués cantonaux, par E. D'OLLENDON, sous-chef au Ministère de l'instruction publique, délégué cantonal, br. . . . . » 30

Code manuel des délégués cantonaux et communaux, par Charles LHOMME, rédacteur à la préfecture de la Seine, et PIERRET, commis principal à la préfecture de la Seine, avec préface par CUISSART, inspecteur primaire à Paris, br. **3 »**
Cartonné toile anglaise. **3 50**

Le délégué cantonal à l'école primaire, par Émile CLAIRIN, avocat à la Cour d'appel, délégué cantonal à Paris, br. . . . . » 60

Code manuel des membres des commissions municipales scolaires, par Charles LHOMME, avec une préface de Henri PRÉVOT, doct   en droit, br. . . . . . **3 »**
cart. **3 50**

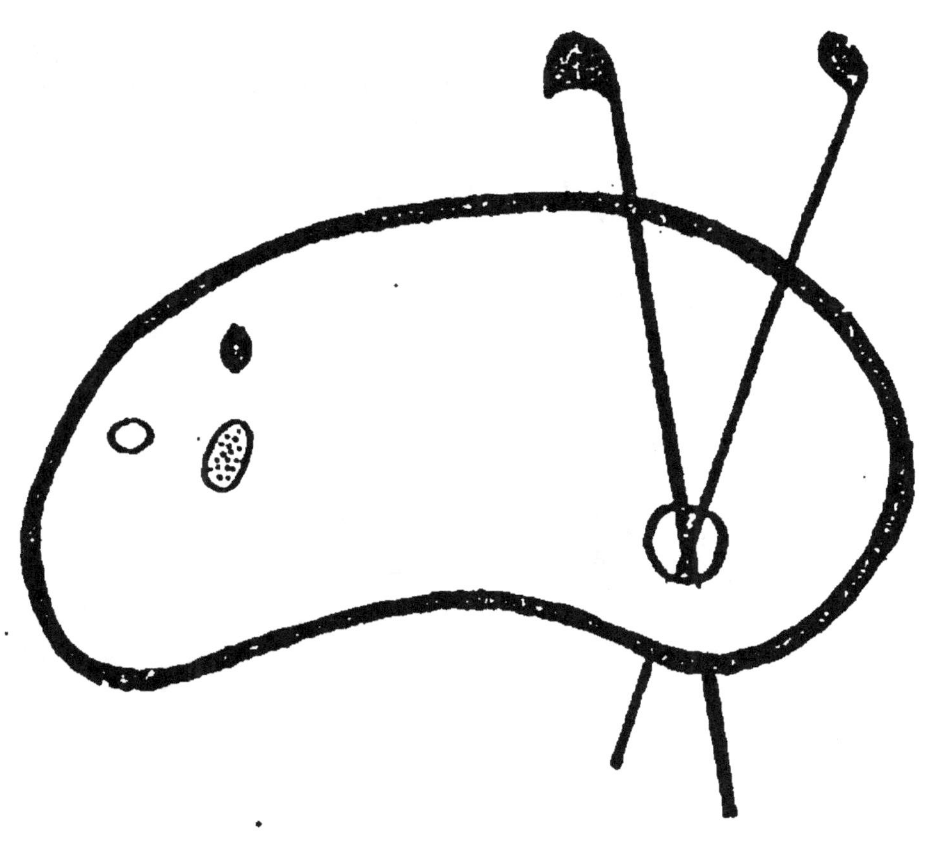

FIN D'UNE SERIE DE DOCUMENTS
EN COULEUR

A M. Ferdinand BUISSON

Professeur de la Sorbonne
Député de Paris

Ce livre est dédié en témoignage
de profonde reconnaissance et de
respectueux dévouement.

A. D.

L'Ouvrier

1

A la mémoire de mes Parents,

A ma femme, Marie Dupin, ma collaboratrice,

                                  A. D.

L'Ouvrier

PAR

ALBERT DUPIN

PRÉFACE PAR Edmond BRIAT

> Éducation personnelle de l'ouvrier. — Éducation sociale du métier. — Éducation légale du métier. — Éducation économique de l'ouvrier. — Les actes de la vie.

PARIS

LIBRAIRIE CH. DELAGRAVE

15, RUE SOUFFLOT, 15

1904

PRÉFACE

PAR

M. EDMOND BRIAT

*Secrétaire général de la Bourse du Travail de Paris, Secrétaire
général de la Société pour l'Éducation sociale, Membre du
Conseil supérieur du Travail, Conseiller Prud'homme.*

Faire un manuel utile aux jeunes gens et aux jeunes
filles qui sortent de l'école et entrent dans la vie de
l'atelier, de l'usine ou du magasin ; apprendre aux apprentis que les législateurs se sont préoccupés de leur
assurer des journées de travail qui n'excèderont pas leurs
forces physiques ; leur faire connaître qu'il existe à côté
des lois ouvrières dites de protection, des organisations
syndicales où l'ouvrier apprend ses droits et s'assure
les moyens de les faire respecter, tel a été le but de
l'auteur de ce livre.

Jusqu'ici, l'école ne s'est pas préoccupée de donner à
l'enfant, ouvrier de demain, les connaissances indispensa-
bles pour lui assurer les moyens d'être un bon apprenti
et de devenir un excellent ouvrier; bien souvent aussi
les parents, les tuteurs ignorent les lois sur l'apprentissage, sur le contrat de louage, sur les conseils de
prud'hommes, et placent les enfants au hasard du bon ou
du mauvais maître.

En attendant que l'école possède, à côté de l'instituteur,
l'*ingénieur social*, chargé d'enseigner à chacun ses devoirs
sociaux, ce livre nous apprendra à connaître nos droits,
et rendra de grands services au monde du travail.

Le lecteur y trouvera les premières notions indispen-
sables à tout être qui désire coordonner sa vie vers le
travail régulier ; et, en même temps, il pourra y puiser
des renseignements intéressants sur toutes les lois et
tous les décrets concernant les patrons et ouvriers.

Pour compléter l'exposé de la législation du travail,

l'auteur a fait un résumé très complet des organisations ouvrières : Syndicats, Unions de Syndicats, Bourses du Travail et Confédération générale du Travail. Sur les dernières institutions créées, il nous entretient du Marché du Travail, de l'Office national ouvrier de placement, et enfin de la Société internationale pour la protection légale des Travailleurs.

Toutes les lois en vigueur, depuis les plus anciennes jusqu'aux dernières, y sont analysées de main de maître, par un auteur qui a l'habitude de commenter ces questions et qui tient à les faire comprendre aux cerveaux les moins ouverts.

Ce livre, par sa disposition et les explications qu'il contient, pourrait s'appeler le Code indispensable de l'ouvrier. En fait, quiconque aura besoin d'un renseignement sur une des lois en vigueur ou sur une institution syndicale y trouvera très facilement l'explication désirée.

Sans m'identifier avec toutes les idées de l'auteur, je veux que toutes les personnes, à quelque titre que ce soit, qui s'occupent des questions, si passionnantes, des rapports entre patrons et ouvriers, et surtout les ouvriers, si intéressés à connaître leurs droits, lisent attentivement cet ouvrage.

Certes, quand tout le monde : employeurs et employés, aura conscience de ses devoirs sociaux, la question sociale ne sera pas résolue, mais bien des difficultés seront aplanies, bien des malentendus s'expliqueront. C'est le but que, d'accord avec l'auteur, nous voudrions voir réalisé par ce modeste travail.

EDMOND BRIAT,
Membre de la Commission supérieure du Travail dans l'Industrie.

AVANT-PROPOS

Jeunes gens, vous êtes des apprentis, des ouvriers, des ouvrières. La vie de l'atelier qui a commencé pour vous exige de votre part des connaissances spéciales concernant l'organisation du travail ainsi que les droits et les devoirs qui en sont la conséquence.

Il ne suffit pas d'apprendre à manier un outil, à exercer convenablement un métier lucratif.

La carrière d'un ouvrier ne s'enferme pas, égoïste, entre les quatre murs de l'atelier où il travaille. Elle réclame d'être un échange de services, de bons procédés, d'offices de dévouement, avec son patron, ses camarades. Elle demande de sa part du cœur, du courage, de la bonne volonté.

Partout où des sympathies, des devoirs, des intérêts exigent la présence de l'ouvrier, son activité doit être à la hauteur des circonstances.

Vous devez, apprentis, ne pas considérer la liberté, qui grandit pour vous, dès que vous avez treize ans et que vous quittez les bancs de l'école, comme le droit de donner satisfaction à toutes vos fantaisies et à tous vos caprices. Vous devez l'envisager au contraire comme un fardeau fragile et délicat à porter, puisqu'elle vous met en présence d'impérieuses responsabilités, de dangers pour votre santé, votre honneur, votre avenir.

Vous vous croyez déjà de grandes personnes.

Vivez dans cette opinion et tâchez de la rendre vraie en appliquant à votre conduite les conseils sages, éclairés que vous avez reçus de votre famille et de vos maîtres.

Mais n'oubliez pas le passé et ayez pour objectif de plaire en tout à vos parents, de chercher à leur être agréables et de les seconder aussitôt que vous le pourrez.

Ainsi armés de la provision de bons conseils et de bonnes habitudes vous venant de ceux qui vous aiment et vous ont guidés dans votre enfance, poursuivez votre vie.

Allez d'abord à tâtons dans la route de l'atelier. Au fur et à mesure que vos indications sur votre carrière deviendront plus précises, vous marcherez un peu plus vite et sans danger.

Ce livre a pour objet de vous intéresser à la vie ouvrière, de vous la faire connaître, aimer et parcourir en faisant toujours le bien.

Il tient à vous instruire de vos devoirs autant que de vos droits, et à vous faire goûter la joie là où elle se trouve réellement, c'est-à-dire dans la douce philosophie qui sait juger suffisant le bonheur que l'on possède, en attendant, s'il est possible, de le rendre plus grand.

Ce petit livre est un ami qui rêve de voir tous les hommes s'adonner au travail manuel, et le pays empli de l'activité des haches, des marteaux, des limes, des charrues, travaillant dans la prospérité et dans la paix, pour la famille, la cité, la patrie, l'humanité.

Albert Dupin.

PREMIÈRE PARTIE

Education personnelle de l'Ouvrier.

I

IL FAUT UN MÉTIER

Tout homme doit travailler selon ses forces ou son intelligence. Acquérir un métier, c'est le moyen de gagner sa vie, celle de sa famille, et de ne pas passer parmi les autres hommes en indifférent ou en parasite. C'est une garantie contre l'oisiveté qui engendre les vices dont on ne peut plus facilement se défaire ensuite.

Le plus beau groupement d'activité humaine, du moins théoriquement, et à s'en tenir aux traits légendaires, c'est la famille du fermier. Le travail y est réparti comme dans une ruche, où chaque abeille a .a fonction.

Le père, maître et patron, distribue à chacun sa part de travail, en tenant compte de l'âge, de la force, de l'intelligence et des aptitudes spéciales de tous ses parents. Son autorité procède d'un caractère naturel et affectueux. Sa prière est un ordre immédiatement exécuté, non par contrainte, mais par déférence et sympathie.

Aux enfants, il confie la garde des troupeaux. Le soin de la basse-cour est laissé à ses filles.

Pendant que sa femme fait le pain, s'occupe des

conserves, range les provisions, prépare la cuisine, lui-même, le père, part avec ses bœufs et sa charrue pour creuser le sillon profond auquel il confiera la récolte. Ses ouvriers bêchent, sarclent, hersent, suivant la sage volonté du maître.

Le soir, tout le monde se retrouve, au coin de l'âtre, devant la haute cheminée en train de dévorer ses rondins de chêne dont la flamme éclaire un rustique et confortable intérieur.

C'est l'heure de la veillée. On cause et chacun fait le récit de sa journée. Puis le père, après consultation prise comme en un véritable conseil de famille, distribue la besogne du lendemain.

Et pendant que se déroulent les conversations, les doigts ne demeurent pas inactifs. Les vieilles grand-mères enroulent le fil sur leur fuseau; les jeunes femmes tricotent des bas pour les enfants, préparent le linge, taillent et cousent les vêtements. Les jeunes hommes fabriquent des paniers, tressent des havresacs, cassent des noix, effeuillent du maïs. Sur un coin de la table longue, des enfants font leurs devoirs, lisent, s'amusent à des jeux simples.

C'est bien ici la vie patriarcale où l'existence est douce, le travail divisé et facile, où nul ne songe à sortir de son rôle, et où tout se fait dans l'intimité et par la bonté. Il semble que ce soit là une vraie interprétation de la vie.

Mais, hélas! à supposer que cet idéal soit toujours réalisé à la campagne, il y a au monde autre chose que des campagnes et que des fermes. Dans les villes, le travail s'exerce différemment.

Là encore l'autorité du père est souveraine. Elle est d'autant plus respectée que le chef de famille s'affranchit moins de la vie du foyer et qu'il se dégage mieux de la fréquentation du café.

Mais, quelle que soit sa sollicitude pour sa famille le père, à la ville, ne saurait garder ses enfants avec lui. Il leur doit un métier. L'un sera commis voyageur, l'autre vendeur dans un grand magasin ; un troisième sera comptable. Les capacités de tous seront ainsi appliquées à des métiers divers correspondant à leurs aptitudes. Dans des situations spéciales ils pourront trouver à être également heureux en faisant leur devoir. Commis voyageur, vendeur et comptable seront peut-être conduits par les circonstances à s'associer plus tard pour monter un commerce. Leur trait d'union commun restera le foyer familial. C'est là qu'ils viendront se retremper de temps en temps et rechercher la leçon maternelle ou paternelle sans laquelle, même avec une grande volonté et de l'énergie on n'est pas à l'abri de l'erreur.

L'essentiel est qu'ils aient, les uns et les autres, avant de plus brillantes qualités, l'esprit de suite. Le métier accepté doit être continué par chacun. Savoir se spécialiser est une des exigences de notre temps, où le nombre des ouvriers est grand et le nombre des situations relativement réduit.

Avant tout, ce qu'il faut, c'est ne pas considérer le métier comme une obligation imposée par la nécessité de vivre et de faire honneur à ses affaires. Il a une portée plus haute, celle de mêler l'homme à la vie sociale, d'en faire un être utile, de lui permettre dè racheter ce qu'il dépense en produisant quelque chose d'équivalent.

Mais le travail n'est pas seulement un devoir pour tous : c'est aussi une façon de mettre en œuvre les forces de la vie et d'exercer l'activité que l'on possède.

C'est pourquoi, en dehors du travail de la ferme et de celui de l'atelier, les citoyens qui se livrent à des occupations intellectuelles : médecins, professeurs, ingénieurs, rendent des services à leurs semblables de toutes les conditions. Ceux que ne presse pas la continuelle préoccupation de vivre, parce qu'ils disposent d'une certaine fortune, ont le temps de s'occuper des affaires publiques dans le calme favorable à la réflexion. L'activité des penseurs éclairés n'est pas moins importante que celle de n'importe lequel des ouvriers des corps d'état, et **les** professions libérales, dans l'ordre social actuel, ont leur utilité.

En bonne et judicieuse distribution des forces, il faut que chacun, dans la société, ait une fonction. C'est aux familles à ne pas laisser vivre leurs enfants dans le désœuvrement, à leur faire aimer l'activité, en les préparant de bonne heure à un métier ou à une profession.

II

L'ACTIVITÉ DU MÉTIER

L'apprenti sait que l'atelier lui prépare un avenir et que sa condition n'est que transitoire. Sa volonté doit le

guider vers l'accomplissement de son travail et le convaincre que la déférence envers ceux qui le guident est nécessaire pour apprendre son métier.

Le métier choisi, l'apprenti entré chez un patron, des rapports vont s'établir entre le maître et le jeune homme.

L'apprenti se trouve placé sous la direction d'une autorité qui, pour n'être pas aussi naturelle que celle du père, n'en est pas moins logique, nécessaire et respectable, pourvu qu'elle soit consciencieuse.

Tout son avenir résultera de ses débuts à l'atelier. Bonnes habitudes de métier, compatibilité d'humeur avec ses camarades, esprit de discipline raisonnable, sont des notions avec lesquelles il se familiarisera d'abord.

L'obéissance ne doit point lui coûter, car les choses qu'on lui commande ne sauraient être que raisonnables et son âge lui permet de s'expliquer les ordres que lui donnent ses aînés.

La volonté dont il fera preuve à l'ouvrage, l'égalité de son caractère, toujours prêt à s'ouvrir à un conseil, lui permettront mieux d'entrer dans leurs vues et de s'en rapporter raisonnablement à leurs avis.

Je ne veux pas envisager l'éventualité de relations amicales conventionnelles, et de pure forme. Ce serait mal, pour un jeune homme, de donner sa confiance en apparence seulement, et d'être, en dehors de la présence du patron, dissipé et oisif. La dissimulation est odieuse ; elle ne peut durer indéfiniment, et elle est cruellement punie par le mépris, lorsqu'elle est découverte.

C'est donc paisiblement qu'un apprenti avance dans la carrière du métier, dirigé par son patron. Il ne faut pas qu'il saute d'un travail à un autre, sans suite ni but. Toutes les pratiques de l'ouvrage s'enchaînent, et il n'est pas sage d'en ignorer quelques-unes au milieu des autres.

Quoi qu'on lui dise d'essayer, il doit s'empresser de s'exécuter, convaincu que tout exercice profite à l'habileté et à la dextérité d'un apprenti.

Il montrera même de l'esprit d'initiative, offrira son concours, dans chaque circonstance où il croira pouvoir prêter la main.

L'apprenti peut se représenter son travail comme un objet d'étude, exécuté dans un but de perfectionnement. Il n'en attend pas le prix d'un salaire, et, au cas même d'une rétribution minime, ce n'est pas là le mobile de son activité, comme ce le sera plus tard.

N'oublions donc pas que rien ne s'oppose à ce qu'un apprenti travaille avec curiosité et précision et à ce qu'il exerce d'une manière sérieuse son esprit d'observation.

S'il ne le fait pas dans sa jeunesse, alors que ses doigts sont déliés, que son œil est sûr, il ne le fera pas plus tard, quand la fatigue et l'usure seront venues.

C'est entre quinze et vingt ans que l'esprit de recherche et de combinaison se développe, et disons-nous bien que c'est une ambition très louable chez un apprenti, que de songer à inventer de lui-même ou tout au moins à perfectionner le travail courant.

Or, de l'ouvrage à l'art, ou à l'invention, il n'y a

souvent qu'un pas. Il faut que l'apprenti s'entraîne à le franchir, pour atteindre au point culminant de son activité.

Mais il est une organisation meilleure que l'apprentissage, qui se généralisera, et qu'on appelle l'enseignement professionnel. Cet enseignement permet au jeune homme, à la jeune fille, d'apprendre leur métier dans des cours spéciaux, dans des écoles appropriées. Il doit garantir à la jeunesse, un jour, la possession d'une profession déterminée.

C'est pour réaliser cette amélioration que M. Briat, membre du Conseil supérieur du travail, chargé d'un rapport sur l'apprentissage, a conclu à l'obligation de l'enseignement professionnel jusqu'à dix-huit ans.

Nous demandons toutefois que cet enseignement soit autorisé à avoir ses écoles libres à côté d'écoles publiques, car l'émulation est un salutaire et indispensable appoint laissé à l'esprit d'initiative. Nous voulons aussi qu'on fasse appel à la réflexion personnelle de l'enfant pour le choix de la carrière à laquelle il se consacrera.

III

RÉFLEXIONS D'UN APPRENTI

Avant toute détermination, le jeune homme aura recours à la réflexion personnelle. Son esprit, son cœur, lui indiqueront le moyen de triompher de ses indécisions. Il faut qu'il apprécie la satisfaction d'accomplir tous les devoirs essentiels de son perfectionnement moral et professionnel.

L'idée no saurait vous venir de vivre oisifs, j'en suis sûr.

Vous ne prétendez pas non plus que le sort du vagabond, en rupture ouverte avec les habitudes de la vie courante, soit un sort enviable. Pour obtenir de la charité ce qu'il ne veut pas réclamer au travail, constatez quelle fatigue il lui faut endurer et demandez-vous combien d'heures il doit marcher et tendre la main.

Regardez ce jeune homme en haillons, le dos voûté, les yeux cernés et la figure hâve. Il a une histoire courte : il n'a été ni à l'école, ni en apprentissage.

On le voit tous les jours, à la belle saison, décharger des bateaux de charbon sur le canal qui passe non loin d'ici. Cet être déformé transporte ainsi, pendant des heures, d'interminables fois, des sacs pesants, sur ses épaules osseuses et décharnées. Il en est venu là, parce que l'apprentissage l'a effrayé, et qu'il en a craint la fatigue !

Quant au voleur célèbre, dont l'histoire est de tous les temps, il a sauté du deuxième étage d'une maison, dans la rue pour ne pas être pris : il s'est cassé la jambe. Lorsqu'on lui a demandé pourquoi il volait, il a répondu : « Parce que je ne voulais pas travailler ! » Dites-moi s'il y a un labeur honnête capable d'exiger un aussi terrible effort que celui-là ? Rendez-vous compte de l'aberration des hommes qui ne voient pas dans le travail la meilleure des existences pour une personne vivant dans une société où le labeur est d'autant plus facile que chacun consent à en prendre plus exactement sa part.

Donnez-vous un métier, jeunes gens et jeunes filles. Vous êtes à l'âge de l'enthousiasme, à celui où l'on échafaude les plus beaux rêves d'avenir.

Par votre courage, votre attention et votre bonne volonté, rendez vos doigts propres à produire un ouvrage utilisable. Assurez-vous, par ce moyen, un salaire. Réunissez à l'aise, en toute sécurité, — car la chose est possible, — le petit pécule avec lequel vous achèterez la blanche maison entourée du petit jardin traditionnel, si les revers ne viennent pas contrarier vos projets.

Soyez préparés à gagner votre vie partout où vous serez conduits par les circonstances. Persuadez-vous qu'on se tire toujours d'affaire sans un sou quand on a un métier et, avec cela, de l'ordre et de l'économie, sans en excepter une certaine hardiesse honnête qu'il faut tâcher d'acquérir, si elle vous fait défaut.

Si vous trouvez quelquefois le labeur ingrat, patientez et prenez courage. La mauvaise fortune n'est que passagère, souvent.

Vous avez, en compensation, l'estime de vous-même et de votre conscience, et vous posséderez également celle des gens qui vous connaissent.

Et puis, peu à peu, le travail se transformera en pièces blanches. L'argent alimentera le livret de la caisse d'épargne ; il donnera l'aisance aux vieux parents ; il apportera le bien-être au foyer domestique, parmi la femme et les enfants.

Tout cela sera venu de peu de chose : avoir appris un métier, être demeuré fidèle à l'idéal de l'avenir ; ne s'être laissé rebuter par aucune difficulté ni au-

cun embarras, et avoir poursuivi sa carrière honnê-
tement, sans bruit, à sa place, sans porter ombrage
à personne, ayant fait un peu de bien, et jamais de
mal.

Telles sont les réflexions dont se pénétrera l'apprenti, chaque fois qu'il sentira son énergie faiblir
en présence des difficultés, et qu'il lui faudra puiser
en lui-même des forces suffisantes pour affronter
la mauvaise fortune et la conjurer.

IV

LES HABITUDES DE L'APPRENTI

**L'habitude de réaliser le bien coûte un sacrifice au début
car la vertu, pour qui ne la connaît pas, se montre
d'abord un peu rude et sévère. Mais, malgré cette apparence trompeuse, on découvre rapidement qu'il n'y a
de vraie satisfaction que dans l'accomplissement du
devoir; il contribue d'ailleurs, au développement normal de l'individu et à l'amélioration générale de la
Société.**

L'Aube est l'heure des élans vers la Nature et vers
l'Infini.

Allez, mes amis, recevoir, le matin, le premier
rayon de soleil. Il dissipe les incertitudes du sommeil, comme il emporte les gouttes de rosée. Quand
la nuit est passée, vous ne devez plus dormir.

Levez-vous et habillez-vous rapidement, et ne
négligez pas les soins de toilette qui, des ongles
aux cheveux, permettront de se faire une opinion
sur vous. Ces détails font juger un homme car
ils témoignent des qualités d'ordre et de tenue qui
sont toujours et partout si précieuses.

Votre toilette étant terminée, ayez soin de remettre les divers objets dont vous vous êtes servis à leur place ordinaire. Vous les y retrouverez plus facilement et l'aspect général de votre chambre y gagnera en agrément.

Il ne doit pas demeurer trace de votre passage au logis, quand vous sortez.

Votre journée appartient à votre apprentissage. De ce côté-là, les devoirs sont nettement garantis par un emploi du temps.

Mais je voudrais préciser la manière dont vous utiliserez vos heures disponibles du soir, et vos journées de repos. L'exposé en tient dans ces simples conseils : avoir quelques bons amis ; aller avec eux à la promenade, ou se livrer tous ensemble, si la saison le permet, à des jeux de plein air ; suivre quelques cours du soir ; tenir en règle sa correspondance avec ses parents, si l'on en est éloigné ; enfin, aviser à faire blanchir son linge, et manier l'aiguille pour toutes les petites réparations faciles.

Pour résumer et pour conclure, je vous demanderai, jeunes gens et jeunes filles, de contracter de bonnes habitudes, afin de ne laisser nulle place de votre activité à prendre par les mauvaises. Il vous importe de passer d'une occupation à une autre sans hésiter, si vous ne préférez voir votre imagination vagabonde vous entraîner loin de votre devoir et de l'intérêt de votre avenir, loin aussi des espérances que la société a fondées sur vos capacités et vos forces.

Cependant n'oubliez pas que les habitudes ne comportent pas seulement la répétition régulière du même acte par la même personne, et qu'il y a des habitudes qui conviennent aux groupements, comme il en est qui conviennent aux individus.

Nulle part mieux que dans les jeux de force et d'adresse, l'activité collective ne se développe et ne s'affirme. Une société qui honore la beauté et la vigueur associe les jeux de plein air à ses manifestations les plus solennelles.

V

LES JEUX

Les jeux sont des manifestations de la force, de l'activité, de l'adresse. Ils traduisent l'enthousiasme [d'un peuple pour les pratiques qui signalent la jeunesse, la valeur, le mérite, à la foule assemblée.

Diverses sortes de jeux. — On désigne par le mot de *jeux* (1) deux sortes bien différentes de distractions. Les unes, auxquelles on peut se livrer soit à la maison, soit au grand air, sont individuelles ou

(1) **JEUX.**— **Dominos** : se jouent avec vingt-huit pièces plates d'os ou d'ivoire, marquées de points. — **Billes** : abrégé de *gobilles* (petits globes). On dit qu'elles se calent quand on les lance les unes contre les autres. Quelquefois on place à l'avance une bille contre laquelle chaque joueur dirige la sienne. Tous les jeux de billes dérivent de ces deux manières. — **Quatre coins** : quatre joueurs étant placés aux quatre coins d'un carré, un cinquième évolue au milieu. Il a à prendre la place de l'un quelconque des joueurs qui s'invitent à changer de coin. — **Chat** : poursuite des souris par un chat. Les souris prisonnières forment la chaîne avec le chat et poursuivent celles qui sont demeurées libres. — **Barres** : deux camps rivaux mis en présence se font des prisonniers qu'ils cherchent ensuite réciproquement à se ravir. — **Rallie paper** : une équipe de renards, en avance sur une équipe de lévriers, répand de petits morceaux de papier sur sa route mais cherche par des ruses à mettre ses poursui-

ne demandent que la participation d'un petit nombre de personnes : tels sont d'une part les dominos, les échecs, le jacquet; d'autre part, la toupie, les billes, les barres, le rallie-paper, etc.

Les autres sont collectives et nécessitent le concours d'un plus grand nombre de joueurs généralement divisés en deux camps : elles ont ordinairement lieu en plein air et offrent de l'intérêt non seulement pour les joueurs mais aussi pour les spectateurs. C'est ainsi que ces jeux prennent de l'importance dans la vie même des peuples et se transforment parfois en de véritables représentations publiques. Chez les Grecs et les Romains, la culture du corps humain et son développement normal étaient l'objet de soins tout spéciaux : ces peuples excellaient dans les exercices physiques tels que la lutte à main plate, la lutte à l'arme blanche, le disque, la course à pied, etc.; la foule du peuple attentive et passionnée se réunissait dans les amphithéâtres immenses pour y assister aux jeux publics. — De nos jours, certains peuples ont développé particulièrement la place occupée dans la vie sociale par les jeux. Entre tous les peuples civilisées, l'An-

---

vants en défaut. — **Arbalète** : arc d'acier qui est monté sur un fût et qui se bande avec un ressort pour lancer des *traits*. — **Foot-ball** : jeu de balle et sport national anglais qui se joue avec le pied entre deux *équipes rivales*. — **Raquette** : légère palette à main pour jouer à la balle ou au *volant*. — **Law-tennis** : jeu de paume anglais. Jeu de balle qui se joue à l'aide de raquettes sur un emplacement spécialement aménagé, divisé en deux par un filet. Littéralement, *lawn* veut dire pelouse et *tennis*, jeu de paume. — **Golf** : sport national écossais qui se joue à l'aide d'une balle et d'un maillet, dans un terrain très étendu creusé de trous appelés *holes*. *Le golf* a probablement pour ancêtre un vieux jeu français, le **Mail**.

gleterre est celui chez lequel les « sports » sont le plus suivis et appréciés par tous les citoyens. En France, où les provinces sont trop différentes les unes des autres par la race et le caractère de leurs habitants, par le climat si varié, et par la nature du sol, nous n'avons pas de jeux nationaux. Dans le Centre et une partie du Midi, on joue beaucoup aux boules, mais ce jeu ne groupe que quelques personnes et ne peut pas être considéré comme collectif. Dans le Sud-Ouest on se livre beaucoup à la pelote basque qui attire souvent de nombreux spectateurs.

Les peuples du midi de l'Europe n'ont pas conservé la passion des Romains pour les jeux physiques : ils sont de nos jours trop indolents pour se complaire dans l'effort corporel. Ils ont remplacé les jeux physiques par de véritables spectacles auxquels ne prennent part que des professionnels, qui risquent leur vie, — les courses de taureaux par exemple, si répandues en Espagne et dans le midi de la France, n'ont plus du tout les caractères d'un jeu qui récrée et repose; elles ne procurent aux spectateurs que les émotions brutales et ne satisfont chez eux qu'une passion basse qui énerve le caractère.

L'importance des exercices physiques collectifs est très réelle dans le développement du caractère d'un peuple, car ils forment, parmi les jeunes gens, des qualités corporelles, la résistance, l'adresse, la souplesse en même temps que des qualités morales, la présence d'esprit, la ténacité, l'endurance.

Jeunes gens, vous devez avoir vos jeux, spéciaux suivant les communes et les provinces. Vous devez également établir des jeux nationaux.

Il vous sied d'avoir oublié les **billes, la toupie,** la **marelle,** les **quatre coins,** le **chat,** et bien d'autres amusements d'enfants, en quittant l'école.

Cependant, vous voudrez bien, je pense, ne pas renier les **barres,** où il est si courageux de délivrer un prisonnier en exposant sa propre liberté. C'est un jeu auquel on s'anime et où réellement on fait son métier d'éclaireur pour de bon.

Vous vous livrez avec plaisir à la **course des renards** semant des chausse-trapes, et poursuivis par les **chiens.** C'est ce qu'on appelle un rallie-paper (1).

La **lutte** à main plate « à l'instar des Grecs et des Romains » est un exercice d'hygiène et une gymnastique qui convient à l'adolescence.

Les **chars romains,** les **pyramides,** les **échelles romaines** sont également des plaisirs dignes d'elle.

Vous ne dédaignez sans doute pas non plus les jeux des **neuf quilles** à la boule, du lancement du **disque** ou de la **barre de fer.**

Mais il est de grands jeux où l'activité de l'homme se plaît bien davantage.

De nos jours, les **tirs à l'arc** et à **l'arbalète** ont retrouvé leur popularité d'antan. Ils possèdent des compagnies au complet, et leurs chevaliers observent une discipline sérieuse.

---

(1) **Rallie-paper :** Course à travers champs entre deux équipes, celle *d'avant, les renards ;* celle *d'arrière, les lévriers.* Parmi les méandres de plusieurs routes conduisant au *terrier,* il faut que les lévriers rejoignent les lièvres en les suivant à la trace de bouts de papier que ceux-ci doivent semer tout le long de la route.

Ces sports, cependant, sont dépassés par un autre, encore plus attrayant.

Je ne veux pas parler du **foot-ball.** Sans doute il permet un grand déploiement d'action, mais je lui reproche d'amener des mêlées générales pendant lesquelles les joueurs perdent leur sang-froid. Sans le condamner, et tout en reconnaissant que nos voisins les Anglais, par leur maëstria à le conduire, l'ont véritablement élevé à la hauteur d'une de leurs institutions nationales, je demande la permission de préférer, à ce sport, les diverses variétés de balle française.

La **raquette** est fort gracieuse. Aujourd'hui elle s'anglicanise cependant, et le **lawn-tennis** a pris pied chez nous. Il faut en dire autant du **golf,** que nous avons appris des jockeys, à Chantilly.

Mais il nous reste le **fronton** de Neuilly, où se joue la **pelote basque.**

La pelote basque. — En d'interminables parties, des joueurs venus des environs de Bayonne disputent la victoire à des joueurs espagnols, ayant à la main le **chistera** ou gant d'osier.

La balle va frapper, à trente mètres, contre un mur appelé **fronton.** Les partenaires, divisés en deux camps de trois personnes chacun, font des séries interminables de points, pendant que le **chanteur** additionne leurs coups et les annonce en langue basque, et qu'on leur passe successivement les douze balles, **dures** ou **demi-dures,** qu'emploie chaque partie.

Quand un coup remarquable vient d'être fait, la

foule, entassée sur les gradins des deux côtés do la piste quadrangulaire (côté d'ombre et côté de soleil), applaudit, trépigne de joie, jette au joueur à qui elle adresse l'ovation, des outres de vin, des chapeaux, des bijoux.

De leur côté, les joueurs font des mines curieuses à la balle, l'attendent en des poses étranges, la brûlent du regard, et puis la reçoivent, la roulent d'un tour de poignet, jusqu'au fond du gant d'osier, et la relancent à une vitesse vertigineuse, avec des supercheries, des tromperies, des finesses, qui l'envoient raser le pied du fronton, quand l'adversaire croyait la voir rebondir du sommet.

Chaque camp a son joueur d'avant, son joueur d'arrière, son joueur de milieu. Après chaque coup manqué, on **butte** de nouveau. Et les interminables séries recommencent, dans le va-et-vient de la balle, les bravos du public, les efforts gracieux à la fois et extraordinaires des joueurs, dont le visage s'éclaire, dont les yeux deviennent ardents, dont le front et les joues ruissellent de sueur sous les bérets, bleus pour les uns, et rouges pour les autres; tandis que le soleil rougeoie, que les éventails et les mouchoirs s'agitent, et que le délire du public grandit...

Soudain, les joueurs s'arrêtent. Il s'agit d'un coup contesté. Le **chanteur** se découvre, s'avance jusqu'au pied de la loge officielle et, avec la formule obligatoire, demande aux *aficionados* (1) de se prononcer sur le cas litigieux.

(1) **Aficionados** : Amateurs compétents des sports basques et espagnols.

Les **juges** descendent sur le sable de la piste, tête nue, et la foule se lève respectueuse, et reste aussi découverte. Le silence à ce moment est solennel : on se dirait à quelque cour de chevalerie, au moyen âge, en présence d'un suzerain puissant en train de prononcer sur les destinées d'un peuple. C'est que, sur la frontière française, de Tarbes à Béhobie, on est formaliste et profondément respectueux de toute autorité investie d'un caractère ancestral, et que le rire serait une goutte d'eau froide jetée sur l'admiration de l'assistance pendant la délibération des juges.

Enfin, ils ont prononcé leur **sentence** et, quelle qu'elle soit, la partie reprend sans contestation, sans critique, aux applaudissements du public.

Quand la partie est terminée, la foule s'écoule lentement et se répand par la ville, comme après un événement important.

La Pelote basque, jeu national.— Je crois que c'est là le jeu qu'il faut rendre national. A chaque village, à chaque quartier de ville, il faut construire un **fronton.** Alors, aux jeunes maîtres Chiquito. Arrué, Ayesteran, dont le Midi s'honore, d'autres viendront apporter le gant pour disputer la partie, dans un combat pacifique où le courage trouve sa place, dont le danger est absent, et où l'intérêt du peuple est mieux tenu en éveil qu'à nos joutes sur l'eau, un peu foraines et un peu surannées.

Jeunes ouvriers nous comptons sur vous pour organiser des jeux pareils. Chassez la tristesse, chassez l'ennui. Cela vous donnera plus de cœur au

travail. Instituez des jeux publics pour vous y ré-
jouir avec tous vos parents et vos amis.

L'habitude des fêtes publiques donne l'habitude
de s'aimer. La solidarité dans le jeu amènera la pratique courante de la solidarité dans le travail et dans
la récompense.

VI

SOYONS SOLIDAIRES

**Ne vous dites pas, quand vous voyez un homme tombé
de boisson dans le ruisseau : « Celui-là est un ivrogne ».
Dites-vous plutôt : « Dans cet homme-là, chaque homme
est un ivrogne, et j'en suis un ! »**

**Car la race tout entière porte la responsabilité des actes
de l'individu. Et cela n'est pas exact seulement pour les
mauvaises actions, mais aussi pour les bonnes. La solidarité dans le bien et le mal s'explique par les mérites ou les torts que les hommes ont les uns à l'égard
des autres.**

Un homme n'est pas un être isolé.

L'apprenti n'est pas quitte de ses devoirs envers
lui-même et la société, quand il a donné satisfaction
à son patron par sa conduite et son travail.

D'autres obligations s'imposent à lui; il a une dette
à acquitter.

Cette dette résulte de tous les efforts, de tous les
soins, de tous les bienfaits dont est composé le bien-
être que lui ont assuré sa famille et la société, et
auquel il n'avait droit par aucun service rendu.

Ces bienfaits lui ont été octroyés d'autant plus
grands qu'il était plus chétif et dans une impossi-

bilité plus complète de se défendre et de se soutenir lui-même contre la faim, la maladie, la mort, toujours à son chevet.

Il doit donc se libérer de la dette morale qu'il a ainsi contractée. Elle lui apparaîtra d'autant plus forte qu'il aura de la justice une notion plus exacte.

Il se montrera secourable à l'égard de toute misère ou de toute infortune qui s'offrira à lui. Il reconnaîtra en chacun de ses semblables un frère, et il l'aidera à échapper aux incertitudes de la vie; il se montrera particulièrement secourable aux petits, aux humbles, il cherchera à relever leur courage abattu. A ceux qui auront commis une faute, il apportera, après la sévérité de la loi, le baume de la miséricorde, considérant que la pitié est une des formes de la justice.

La loi ne lui prescrit pas une vertu si grande, augmentée d'un abandon et d'un dévouement de soi si complet. Mais l'habitude du bien, sans cesse vu plus haut, plus grand, impose aux hommes des devoirs supérieurs à la loi du code.

Ils se groupent nombreux pour assurer à tous leurs semblables, à cause du sang, de la race, des attributs communs, la possibilité d'exercer leur droit à la vie. Leur accord constitue la solidarité.

La solidarité les amène à réaliser des groupements de camaraderie, d'amitié, pour rechercher le bien social. Elle s'exerce à diminuer l'importance des risques individuels, si graves et irrémédiables chez l'homme isolé, en lui offrant le concours de ses semblables coalisés et rendus ainsi bien plus forts.

Vous devez comprendre, jeunes gens et jeunes

filles, ce qu'il y a d'admirable dans ce mouvement qui offre à votre libre action le bien à faire sans limite déterminée. Ne le délaissez pas. En gardant la pleine liberté de vous-mêmes, quant à votre personnalité individuelle et morale, faites-le bénéficier du dévouement généreux qui existe en vous. Alimentez-le de votre bonne volonté, et consacrez-y votre argent, vos conseils, vos consolations, vos démarches.

Montrez-vous tels que votre tâche ne vous apparaisse pas comme terminée, tant que vous connaîtrez au monde un seul homme malheureux et injustement traité.

VII

QUALITÉS D'UN BON MÉTIER

Recherchez un métier courant, et de préférence en rapport avec les industries de votre région, afin que vous puissiez demeurer auprès de votre famille.

Mais s'il vous est impossible d'échapper à la néfaste influence des villes, arrivez aux centres populeux avec une santé robuste, et ayant un métier manuel bien déterminé.

A LA RECHERCHE D'UN BON MÉTIER

Jeunes gens et jeunes filles, il est peut-être trop tard déjà pour vous éclairer sur le choix d'un métier. Certains d'entre vous ont accepté celui qui plaisait le mieux à vos parents. D'autres ont choisi la première usine, le premier atelier venu où l'on a eu besoin d'un apprenti. Je dirai à ceux d'entre vous qui sont dans ces deux cas, qu'ils doivent, à force

d'application, d'attention, s'attacher à leur nouveau
métier, de façon à ce qu'il ait pour eux l'attrait d'une
vocation. Cela est nécessaire. On ne saurait bien
faire que ce que l'on fait avec goût, et il existe
en toute occupation un plaisir d'activité qu'il faut
savoir s'ingénier à découvrir.

Les jeunes ouvriers et les jeunes ouvrières, mes
lecteurs, me pardonneront donc de donner ici quelques avis sur le choix d'un métier, à l'usage de leurs
frères et sœurs qui se trouvent encore sur les bancs
de l'école. C'est par l'intermédiaire des aînés que
j'espère voir la vocation des cadets se déterminer
raisonnablement.

En premier lieu, il faut se décider pour un métier
qui soit d'un usage courant. A ce sujet, on doit
savoir que, sur deux cent dix-neuf professions d'une
pratique autrefois habituelle, signalées par le ministère du Commerce, cent dix forment encore des
apprentis ; dix-sept n'en forment plus, et quatre-
vingt-douze émettent, au sujet de l'apprentissage,
des avis contradictoires, suivant la région.

Dans les métiers qui ne forment plus d'apprentis,
il y a ceux que le machinisme a déclassés et où la
plupart des opérations ont lieu à la mécanique, inu-
tilisant ainsi les bras d'un grand nombre de travailleurs ; il y a ceux aussi où les ouvriers sont en trop
grand nombre et ne parviennent plus à vivre ; et
ceux, enfin, où la main-d'œuvre se recrute parmi
les auxiliaires, c'est-à-dire parmi les personnes em-
bauchées comme aides.

Il est donc indispensable, avant d'entrer en
apprentissage, de savoir quelle est la valeur présente

du métier qu'on adopte, et quel avenir on peut en espérer. Par exemple, ce serait une imprudence de rechercher aujourd'hui le métier d'imprimeur, dans certaines villes comme Paris, où la main-d'œuvre se trouve pour longtemps en excès et où presque tout le travail s'effectue à la machine (1).

Un métier demande également à être choisi parmi ceux qui correspondent aux forces physiques de l'apprenti. C'est une erreur de croire que l'habitude de se servir d'un organe le forme et le développe à volonté. Les professions de forgeron, de charpentier, de maçon, exigent un effort de muscles dont certains apprentis ne deviendront coutumiers qu'au préjudice de leur santé.

Une nouvelle profession semble appelée à un bel avenir, celle d'ouvrier mécanicien. Elle comprend des degrés nombreux dont chacun permet une activité, une habileté, une intelligence de valeurs différentes. Elle correspond de plus à une facilité très grande de s'adapter aux besoins de la campagne et à ceux de la ville, l'emploi du machinisme ayant pénétré l'agriculture, l'industrie, la locomotion sous toutes ses formes, et développé l'industrie des métaux.

Nous voyons donc que deux sortes de carrières sont à rechercher : la métallurgie (2), la mécanique. Pour les familles nombreuses, qui ne possèdent ni maison ni terres, cela peut servir d'indication.

(1) Ce livre est composé à la machine dite *linotype*.

(2) **Métallurgie** : Art d'extraire, de purifier et de travailler les métaux.

Mais, ce qu'il faut rêver surtout, ce qu'il faut demander pour conserver intacte la vie des provinces, et empêcher l'exode vers les grandes villes, c'est la recherche pour la jeunesse, des métiers locaux et des métiers régionaux.

LES CHAMPS PLUTOT QUE L'ATELIER
POUR LES VILLAGEOIS

Le cultivateur qui vient à Paris sans profession, c'est-à-dire sans savoir manier un outil industriel, avec l'intention d'affecter le peu d'argent qu'il y gagnera à l'extinction d'une dette dans son pays d'origine, ne se doute pas du servage qui l'attend, dans les usines, les industries, où on l'emploie invariablement à la manutention (1) des acides, au chauffage des fours ou au coltinage des sacs. Celui-là aurait eu tout intérêt à améliorer ses procédés de culture, à soigner sa terre de plus près et à élever sa famille sur place, nu-pieds mais au grand air, dans son village natal où la vie est moins chère, où tout le monde se connaît. C'est un crime pour lui d'amener à sa suite toute sa famille dont la place est marquée d'avance : à l'Assistance publique pour les petits, et à l'Hôpital pour les grands.

Le métier le meilleur, le plus fécond, est celui de travailleur de la terre, quand on est le propriétaire du champ, de la maison, et des outils nécessaires. Il faut approfondir cette existence, pour mériter de

____

(1) **Manutention** : Toute opération faite à la main sur un produit fabriqué.

la vivre et de ne pas s'en éloigner inconsciemment.
On se fait une folle idée des grandes cités, au fond
de nos campagnes, et l'on a tort de n'y voir que des
théâtres, de beaux monuments (où l'on n'entre, du
reste, presque jamais). On pourrait montrer avec
autant de vérité les laideurs et les cancers de la vie
des grands centres : l'asile de nuit, les refuges (1),
le dessous des ponts, les prisons, la morgue.

Donc, jeunes gens et jeunes filles, apprenez des
métiers qui puissent être exercés sur place. Eloi-
gnez-vous le moins possible de vos parents et de vos
amis : Lyonnais et Stéphanois, demeurez des tis-
seurs et des bobineuses (2) ; femmes de la province,
recherchez le coin de votre feu, si vous pouvez y
exercer votre métier de couturières, dans la confection ; jeunes filles du Dauphiné, ne vous éloignez
pas de la douce atmosphère des magnaneries ; bon-
netières de Troyes, continuez le travail à domicile ;
dentellières du Nord, n'abandonnez pas la grande
coiffe blanche ; femmes des Pyrénées, soyez heureu-
ses en fabriquant vos lainages ; espérez que la force
électrique fera un jour ce travail par une machine
que vous dirigerez chez vous, en surveillant la
cuisson de votre *garbure* (3).

Si la société actuelle a proclamé la liberté du métier, c'est parce qu'elle a eu confiance dans la salutaire influence de la famille. Il faut en resserrer les
liens en groupant les enfants, par des métiers appro-

(1) **Refuges** : Maisons d'assistance par le travail.
(2) **Bobineurs** : Dévideurs de fil de soie sur des bobines.
(3) **Garbure** : Mets d'honneur pyrénéen, composé de potage,
de hachis de lard, de jambon et de choux verts frisés.

priés, autour de la maison où s'écoula leur enfance.
Dans l'endroit où ils sont nés doit s'exercer leur
activité. Parmi des visages connus, leur existence
aura ainsi plus de valeur, plus de mérite, et le produit de leur travail leur sera mieux assuré, sous la
garantie de l'amitié.

Mais cela n'est pas toujours possible.

Il y a les villes qui réclament des proies, pour
l'atelier, pour l'usine.

Et alors, bon gré, mal gré, devant la vie sociale, il
faut réfléchir, il faut étudier, il faut chercher les
moyens qui sont à réaliser pour la rendre moins fu-
neste à ceux qu'elle accapare.

Enfin, il faut armer l'ouvrier d'une constitution
robuste par une éducation physique raisonnée, pour
qu'il soit apte à triompher des difficultés, des rudes
épreuves, des incertitudes et des tristesses.

DEUXIÈME PARTIE

Éducation sociale du métier

VIII

RAISONS SOCIALES DU MÉTIER

Au point de vue social, le travail apparaît dans toutes les races, comme révélé à l'homme par tous les devoirs de ses origines.

Il est de sa part un sacrifice à la Nature. Il lui est imposé par la nécessité dans laquelle il se trouve de déployer un effort pour obtenir quelque chose des forces, des richesses de l'univers. Il est différent suivant les aptitudes du sujet.

En présence de sa faiblesse et de sa petitesse, l'homme se spécialise dans son activité, appelant à son aide les autres hommes.

Au point de vue social, le travail — spécialisé pour chaque individu dans un métier particulier — est une nécessité de la vie en société et du progrès de la civilisation. Il est imposé à l'homme par la Nature elle-même, dont les richesses ne peuvent être acquises ou les forces utilisées que par un effort constant. Dans cette lutte avec la Nature, chaque homme doit se spécialiser pour acquérir une habileté et une force véritablement utiles. La division du travail est une nécessité du progrès. C'est par l'accord des bonnes volontés et la reconnaissance des intérêts réciproques et non par la lutte des égoïsmes, que naîtra l'harmonie sociale.

La raison sociale du métier se trouve dans l'organisation même de la Société humaine.

Il ne vous paraît sans doute pas utile de rappeler longuement les aventures de Robinson Crusoé (1).

Ce personnage du roman se trouve transporté à la suite d'un naufrage, dans une île déserte. Doué d'une grande puissance de volonté, Robinson Crusoé réagit contre la tristesse et le découragement qui l'étreignent, et se met à organiser sa vie à la manière des solitaires. Tour à tour il devient, avec plus ou moins d'ingéniosité et d'habileté, son char-. pentier, son maçon, son tailleur, et l'artisan d'un bien-être plutôt médiocre. Quelle joie, pour lui, éclate le jour où il a, à côté de lui, des chèvres ! Quel bonheur le jour où il découvre un homme, cet homme, Vendredi, n'étant qu'un sauvage.

C'est que la vie appelle la vie. L'homme ne peut pas se suffire à soi-même; il veut aimer ses semblables, et il tient à le leur prouver surtout en s'entendant avec eux sur ce qui peut leur être utile, agréable, et sur la manière dont il pourra leur rendre service.

L'activité sociale du travail se manifeste dès les temps primitifs, parmi les incertitudes des débuts de la carrière de tous les peuples. Elle emplit les temps préhistoriques et réside dans le sentiment religieux qui naît avant l'heure des sociétés, et dure au milieu d'elles, autant que les individus et que les sociétés. « Et croyez bien, dit en substance M. Izoulet, professeur au Collège de France, que ni athées ni anarchistes n'existent dans la réalité. Si certains

---

(1) **Robinson Crusoé** : Personnage légendaire d'un roman de ce nom dû à la plume du romancier anglais Daniel de Foë (1663-1731).

hommes paraissent être l'un ou l'autre, c'est simplement dans la forme, par ignorance de la vérité.

Si cette ignorance est le fait de lois sociales obscures, ou du peu d'harmonie qu'elles ont avec la nature, ou de leur partialité pour un pays, c'est que la législation a besoin d'être améliorée, et de se dégager de certains éléments.

Il faut la retoucher pour éviter à des êtres isolés, qui ne sont pas méchants, mais qui sont aigris par les revers, de se poser en victimes.

Les besoins de notre époque réclament de plus en plus qu'on modèle les lois sur celles de la nature, envisagées dans sa splendeur et dans sa sagesse autochtones. Les relations internationales marchant vers une entente universelle, la législation doit suivre le même chemin.

De cette manière, l'espèce des hommes en révolte n'existera pas. Ils seront des premiers à se ranger sous des lois qui représenteront l'ordre logique originel des choses. Ils participeront au grand élan d'amour universel auquel toute l'humanité s'associera, ayant repris avec sûreté une orientation de ses énergies, de ses aspirations et des hautes destinées auxquelles elle a droit parce qu'elle doit se distinguer des autres êtres vivants.

Il y a donc une base originelle de l'effort dans les sociétés, qui draine les bonnes volontés des individus.

Dans le travail, les sociétés tendent à l'activité complète, et font concourir toutes les formes du génie d'organisation à la constitution du progrès social fait d'idéal, de beauté et de bien-être.

Le principe de la société une fois admis, on ne

saurait y concevoir les hommes vivant côte à côte sans engager de rapports entre eux. L'aide réciproque ne s'offrirait-elle pas aux sociétaires comme une conséquence?

La loi est fatale ! Mis en présence, les citoyens se reconnaîtront des charges d'association, et ils se les répartiront, s'ils sont justes, suivant les âges, les intelligences et les aptitudes. C'est de cette façon que chacun arrivera à avoir sa fonction spéciale où, l'habitude aidant, il deviendra habile.

Plus les membres de la société seront nombreux, plus la prospérité croîtra, par leur association, avec rapidité, facilité, et sans exiger de surcroît de travail de la part d'aucun d'eux. Bien diviser et bien répartir l'effort à accomplir, tel est le rôle d'une société soucieuse de l'avenir. De cette convention résulte le métier, qui est la spécialisation de l'activité de l'individu suivant son âge, ses forces, sa capacité utile à tous.

L'écueil qu'une société amie du progrès doit éviter, c'est l'insécurité des sociétaires dans la carrière que, conseil pris d'eux-mêmes, la collectivité leur a laissés embrasser.

Et puisque tout homme doit travailler, nous n'admettons nul parasitisme de la part de celui qui peut accomplir une tâche. Nous n'accorderons gratuitement la vie qu'à ceux dont la misère, la maladie, ou la vieillesse auront éteint l'activité. Ceux-là obtiendront de la société une protection et un bien-être d'autant plus grands qu'ils seront plus malheureux, plus incapables ou plus infirmes ; mais ceux-là seuls seront dans ce cas.

IX

HISTOIRE DU MÉTIER

Le métier est l'exercice d'un labeur spécial. Il est la résultante du partage des fonctions de la société.

Le métier a subi de tout temps une réglementation. Il doit être considéré comme formant partie intégrante de l'activité d'une nation. Il donne naissance aux CORPORATIONS du MOYEN AGE, et au COMPAGNONNAGE des temps modernes.

Le *Métier* est la branche spéciale de l'activité humaine, — industrie, commerce, sciences, arts, lettres, etc., — à laquelle l'homme se consacre particulièrement et par laquelle il gagne sa vie. Tout métier nécessite une compétence qui ne s'acquiert que par le travail et l'expérience. Par le métier, la production nationale utilise tous les efforts, occupe tous les bras et tous les cerveaux. Plus la nation est grande et civilisée, plus la division des travaux, c'est-à-dire la *spécialisation* (1), augmente. Dans le domaine de l'industrie en particulier, plus le nombre des travailleurs est considérable, plus la part de chaque *unité* se réduit à la répétition d'une opération toujours la même, que l'habitude lui permet à la longue de réaliser avec sûreté et rapidité.

Pendant des siècles, les métiers ont subi la *réglementation* des jurandes, des maîtrises, plus tard des pouvoirs publics. Leur organisation, arrêtée par ces derniers, fut l'émanation de la volonté de l'Etat.

Le pouvoir central se réservait le droit de diviser

____

(1) **Spécialisation** : Mot nouveau qui indique la concentration de l'activité vers une réalisation restreinte.

les travailleurs en bouchers, épiciers, tailleurs, cordonniers, etc.; de dire à chaque groupement où commençait son rôle et où il finissait.

Dans l'ancienne France, les métiers étaient groupés en **corporations,** qui se divisaient en **classes : les jurés,** les **maîtres,** les **ouvriers** et les **apprentis.** Ces derniers étaient de véritables **serfs,** entre les mains de leurs patrons. Les compagnons devaient vivre chez leur maître, *du lever au coucher du soleil.* Pour passer maîtres à leur tour, il leur fallait faire un **chef - d'œuvre,** qui leur coûtait parfois plusieurs années de travail. Mais, comme le nombre des charges était invariable dans les **corporations,** et que les fils succédaient le plus souvent aux pères, certains **compagnons** restaient écartés toute leur vie de la **maîtrise.**

Des organisations se fondèrent parmi les travailleurs, sous le nom de **compagnonnage,** entre ouvriers de même état ou d'états analogues, pour se prêter mutuellement assistance.

X

LE COMPAGNONNAGE

Les COMPAGNONS étaient des ouvriers voyageant très loin, à la recherche du travail. Ils s'aidaient dans leurs pérégrinations nombreuses, et ceux du même métier se reconnaissaient à plusieurs signes de ralliement.

1. — Le **compagnonnage** se transmit à travers les siècles, un peu mystérieux, parmi des cou-

tumes singulières. Il connut des rivalités terribles, des compétitions entre métiers ayant adhéré à telle ou telle des catégories de son organisation, désignées sous le nom de **Devoirs**. Les **tailleurs de pierres** ou *compagnons étrangers* ; les **menuisiers et les serruriers**, ou *compagnons du devoir de liberté et les compagnons du devoir*, virent se former chez eux des dissidents. Chez les **tailleurs de pierres** ce furent les *compagnons passants* ; **chez les menuisiers,** *les compagnons du devoir*.

2. — A l'époque du **Premier Empire**, les discordes devinrent parfois violentes. Sous le règne de Louis-Philippe, un **compagnon menuisier**, « *Avignonnais la Vertu* », de son vrai nom **Agricol Perdiguier**, tenta de réconcilier les « *Devoirs* » entre eux.

3. — Sous le **Second Empire**, les compétitions recommencèrent. Elles ont cessé aujourd'hui. Les **Compagnons** continuent à s'aider dans leurs déplacements à travers la France. Ils ont des hôtels spéciaux, « **les maisons de la Mère** », où ils trouvent la table et le gîte en arrivant dans une ville. Ils s'allouent des secours de route ; ils obtiennent les uns pour les autres du crédit, en cas de besoin ; ils se procurent réciproquement du travail et pratiquent, autant qu'ils le peuvent, la fraternité dans des formes un peu solennelles et archaïques. Ils tendent à devenir autant d'adhérents de sociétés de prévoyance et de mutualité, continuant à avoir leurs signes de ralliement, et à vivre en paix avec les autres groupements du monde

ouvrier. Ils ne sont pas nombreux et d'ailleurs les chemins de fer rendent moins utiles leurs groupements.

XI

LE MÉTIER DE NOS JOURS

Tous les métiers sont libres aujourd'hui. Le travailleur qui a un atelier et des ouvriers s'appelle un patron. Le patron doit à ses ouvriers un salaire. Il répond, dans des situations déterminées, des accidents qui leur arrivent. Il ne peut les renvoyer sans respecter les délais en usage dans la corporation.
Le salaire de l'ouvrier n'est saisissable que jusqu'à concurrence du dixième.

1. — Tous les métiers sont **libres** aujourd'hui, c'est-à-dire que le travailleur peut choisir un **état** à son gré.

2. — Le travail qu'il accomplit peut lui avoir été commandé directement par le **client**. Si, pour cette **commande** il fournit la **matière première** et effectue l'ouvrage dans un **atelier** à lui, le travailleur est considéré comme **patron**.

3. — Le **patron** est appelé à prendre à son compte des **ouvriers**, des **apprentis**. Pour le suppléer, en cas de besoin, il s'entoure de **contremaîtres**.

4. — L'ouvrier est payé, suivant les habitudes de son métier et de la maison qui l'emploie : **à l'heure, aux pièces, à la journée**.

On appelle prix de séries, des salaires discutés

par une Commission et acceptés par le préfet. Ces prix, devenus après l'approbation préfectorale les prix de séries, sont inscrits dans les **cahiers des charges** des adjudications et servent de bases aux **Conseils des prud'hommes** et aux **juges de paix** en cas de désaccord.

5. — La **paye** (1) est effectuée à des intervalles réglés: ou **tous les soirs**, ou tous les **huit jours**, ou toutes les **quinzaines**, ou tous les **mois**. Dans certains métiers, on remet dès le matin à l'ouvrier une avance pour ses repas : c'est le **prêt de journée**.

6. — Si l'ouvrier fait des dettes, son salaire est saisissable jusqu'à concurrence du **dixième**. En dehors de cette saisie, pour laquelle il subit la retenue sur chaque paye, le salaire de l'ouvrier ne peut être cédé que jusqu'à concurrence d'un **autre dixième**.

S'il y a titre, c'est-à-dire engagement écrit, la **saisie-arrêt** ne pourra être pratiquée que sur le visa du **greffier de la justice de paix** du domicile du **débiteur**.

S'il n'y a point de titre, c'est-à-dire si la promesse de payer est verbale, la **saisie-arrêt** ne pourra être pratiquée qu'en vertu de l'autorisation du **juge de paix** du débiteur saisi .

7. — L'ouvrier peut traiter avec d'autres travailleurs, et former avec eux une organisation coopérative dite association ouvrière, pour une adjudication ou toute autre entreprise à exécuter en commun.

(1) **Paye** : Salaire des ouvriers.

. XII

COOPÉRATION ET CAPITAL

Des ouvriers peuvent se réunir et former ensemble une association ouvrière de production. ATELIERS COMMUNISTES, FAMILISTÈRES, sont des entreprises de ce genre.

Mais toujours : que le capital et que le travail s'exercent par des mains différentes; ou qu'ils soient réalisés dans un groupement, les bénéfices de la production se répartissent entre ces deux éléments.

1. — Les ouvriers ont le droit de se réunir et de s'associer pour travailler en commun et partager ensemble les bénéfices d'une entreprise. Leur société s'appelle **Association ouvrière de production.** De ce nombre sont, en France : la **Mine aux mineurs,** de Saint-Etienne, et la **Verrerie ouvrière,** de Carmaux.

C'est en usant des droits conférés aux Sociétés à capital variable et spécialement aux sociétés coopératives, par la loi du 24 juillet 1867, que se forment les associations ouvrières.

Nous parlerons, quand il s'agira de la législation économique, des avantages et des obligations qui concernent la société coopérative, soit de production, soit de prêt mutuel, soit de consommation.

2. — Disons, en attendant, que dans certaines associations ouvrières les salaires sont constitués par les bénéfices, répartis en totalité et indistinctement entre les **coopérateurs** (1) de la production : ce sont les **ateliers communistes.**

---

(1) **Coopérateur** : Qui opère avec d'autres personnes, réunit tous leurs efforts pour les faire concourir à améliorer le sort de chacun.

3. — Parfois, les ouvriers habitent nombreux, par familles, dans l'intérieur d'une usine qui produit, en des services divers, distincts de la fabrication commerciale, tout ce qui s'y consomme. L'usine renferme le bien-être et le confortable nécessaire à la vie du foyer : c'est le **Familistère**, comme à Guise (Aisne), dans la célèbre fonderie fondée autrefois par Godin *et qui aujourd'hui est la propriété des ouvriers.*

4. — Quel que soit le régime sous lequel s'effectue l'ouvrage, il ne doit point s'accomplir au hasard et sans correspondre à certaines règles.

5. — Il serait à souhaiter que les **tarifs** qui existent dans les groupements ouvriers ne soient pas inconnus des travailleurs isolés, qui acceptent souvent du travail dans des conditions préjudiciables aux ouvriers syndiqués de leur corporation.

6. — Il faudrait aussi que des associations ouvrières fussent organisées partout où les travailleurs manuels disposent de quelques ressources pour constituer des avances aux entreprises ouvrières.

XIII

LE TRAVAIL

Le travail a besoin de l'association de toutes les bonnes volontés pour produire le maximum de ses résultats. Cette association se réalisera par la régularisation du marché du travail.

1. — On vient de voir au chapitre précédent de quelles fonctions se compose le travail.

Nous pourrions dire qu'il est la dépense d'énergie

que l'ouvrier apporte comme part à la production collective.

2. — *Les ouvriers d'un même corps d'état se nuisent s'ils se font concurrence.* Les diverses **corporations** se portent également préjudice si elles mettent en opposition leurs intérêts économiques. **Les ouvriers** se font tort s'ils n'observent pas les contrats conformes à leurs droits et passés librement avec l'atelier. Les patrons compromettent le rendement de leurs entreprises s'ils servent à leurs **ouvriers** des salaires incompatibles avec la valeur de leur travail et avec les besoins de leur époque.

3. — La plus grande prospérité d'un pays sera obtenue par la cessation des **conflits** (1) entre le **capital** et le **travail,** quand ils ne se trouvent pas dans la même main; et par la reconnaissance de l'équivalente **autorité** du **capital** et du **travail**, quand ces deux facteurs se trouvent ensemble, soit aux mains d'un **particulier**, soit dans une **association d'ouvriers.**

4. — **Le marché du travail** est à organiser.

Nous verrons plus loin comment on a tenté de le rendre régulier. Il faut établir et préciser les **droits** et les **devoirs** des patrons et des **ouvriers.** C'est l'affaire des **congrès** (2), où le monde du travail rédige, sous forme de **vœux,** ses désirs et ses espérances, afin que le Parlement et l'Etat les étudient et avisent au moyen d'introduire dans la loi les mo-

(1) **Conflit** : Contestation.

(2) **Congrès** : Assemblée de personnes appartenant à diverses provinces ou à différents pays, qui se réunissent pour se communiquer les résultats de leurs études et échanger leurs idées.

difications justes et équitables déjà passées dans les habitudes économiques.

5. — Une génération de travailleurs imite dans la production l'exemple des générations précédentes. Mais les individus, séparément, ont le devoir d'augmenter leur patrimoine d'une part **d'invention** qui leur soit propre, car *le progrès est fait de l'invention individuelle, suivie de l'application collective, par l'intermédiaire du marché du travail.*

XIV

LE MARCHÉ DU TRAVAIL

Le Marché du Travail est l'ensemble des moyens propres à conclure l'accord de l'offre et de la demande d'emplois. La grève, la feuille de placement, la maison de La Mère, l'office de syndicat, les bureaux de placement sont dans ce cas. L'office national ouvrier de statistique et de placement s'emploie à régulariser ce marché.

1. — L'**offre** et la **demande** de travail doivent entrer en rapport dans des conditions déterminées. L'échange auquel elles donnent lieu constitue un **marché** et revêt des formes diverses ; il se produit dans une foule d'endroits ou de rencontres.

2. — Tantôt le **patron** vient chercher l'**ouvrier** à la **grève**, emplacement en plein air, ou dans un coin de **halle**, et l'**embauche** séance tenante.

L'**ouvrier** sans travail se rend aussi, souvent, d'atelier en atelier, d'usine en usine, et offre ses services. Dans certaines des maisons où il se présente, on lui donne à garnir une **feuille** de renseignements individuels, et la maison s'engage à le faire appeler en cas de place vacante.

Dans les villes de **compagnonnage**, c'est chez la **Mère** que les ouvriers vont à l'**embauchage**(1). Dans les **syndicats**, on communique au membre de l'association le **livre d'adresses** des usines, ateliers, et la **liste des emplois vacants** avec le taux des salaires correspondants. Nous étudierons d'ailleurs l'organisation syndicale quand il s'agira des lois qui la régissent. Nous verrons alors combien les bureaux de placement des syndicats ouvriers et des Bourses du Travail sont utiles aux membres de ces groupements et cherchent à les aider par des indemnités de voyage, de secours, de maladie, de chômage (2), involontaire ou forcé.

3. — Mentionnons également les bureaux de placement, agences payantes auxquelles il ne faut se confier qu'avec une sérieuse prudence.

S'ils ont à choisir entre les bureaux des agences et ceux des mairies, c'est dans les **bureaux de placement gratuit**, installés dans ces dernières, que doivent aller de préférence les ouvriers non syndiqués. Mais, rappelons-leur que le bureau de placement des Bourses est à leur disposition comme à celle des ouvriers syndiqués.

4. — Le **marché du travail** fonctionnera bien quand il aura réussi à centraliser, jour par jour, ces renseignements épars en tant d'endroits, car les offres et demandes, même les plus insignifiantes en apparence, peuvent avoir une répercussion au loin.

(1) **Embauchage** : Action d'engager un ouvrier et de l'admettre dans un atelier.

(2) **Chômage** : Etat de l'ouvrier qui est sans travail.

5. — Grâce à ce **marché**, pour toutes les professions et les régions on saura où il y a trop d'ouvriers, où il en manque ; on connaîtra le salaire moyen de chaque ville, de chaque région, et aussi le salaire moyen national. Il sera donc facile d'assurer la correspondance de l'**emploi** à l'**offre**. Nous allons voir bientôt comment l'**Office** (1) **national ouvrier de statistique** (2) **et de placement** se dévoue à cette tâche.

6. — Mais en présence des misères de la vie du travail, malgré la prévoyante activité d'une telle institution, l'ouvrier reste trop souvent exposé à des souffrances. Il est bon de les signaler dans ce livre aux méditations de la jeunesse des campagnes, trop prompte à l'émigration vers les villes.

XV

LES MISÈRES DE LA VIE DU TRAVAIL

Les ouvriers non syndiqués qui sont sans travail cherchent des écritures à faire, ou deviennent des hommes de peine. Ils vivent d'un rien, couchent dans les asiles de nuit, les hangars, les granges.

Ces misères sont un enseignement à la jeunesse. Elles lui apprennent à rechercher la stabilité, surtout auprès de sa famille.

I. — Les ouvriers isolés des villes qui sont sans travail n'ont que la ressource de besognes mal

(1) **Office** : Organisation chargée des renseignements et des documents sur une branche de l'activité humaine, publique ou privée.

(2) **Statistique** : Science qui consiste à dénombrer les faits et à en tirer les conséquences.

payées, parce que l'Assistance par le travail ne fonctionne encore que très imparfaitement en France.

2. — Ceux qui savent écrire sont acceptés dans des **agences de publicité** et employés à garnir des bandes destinées à la **réclame industrielle et commerciale** : journaux, prospectus.

Les autres font les **hommes de peine.**

3. — Certains s'habituent à la rue. Les uns deviennent des **camelots**; ils vendent aux curieux des produits divers: *de la colle pour le bois et la faïence, des plumes, de la pâte à détacher les gants*, le tout avec un discours ou **boniment.**

4. — Avec une pièce de dix centimes, ils dînent d'un **arlequin**, mixture de reliefs divers de restaurant ; à la **soupe populaire** fondée, soit par les mairies, soit par les bienfaiteurs du quartier.

5. — Le soir, faute d'un gîte, ils s'acheminent vers les granges, les hangars abandonnés, à la campagne. A la ville, ils demandent un refuge à **l'asile de nuit,** d'où ils sortent, le lendemain matin, ravaudés, brossés, blanchis, et aussi un peu réconfortés.

6. — En Allemagne, des maisons de refuge et de travail ont été édifiées par l'Etat sur tout le territoire, à des distances fixes. **L'ouvrier chômeur** (1) trouve, sur les routes, des fermes où il peut obtenir, moyennant un labeur (cassage de noix, épluchage de légumes, soins de basse-cour), le vivre, le couvert, *momentanément* ou jusqu'à ce qu'il ait trouvé de l'ouvrage, là ou ailleurs.

(1) **Chômeur** : Sans travail.

7. — Toutes les misères dont nous avons tracé le tableau présentent à l'ouvrier un sérieux enseignement. Elles lui apprennent les dangers qu'on se prépare, quand on court le monde sans but déterminé.

Et comme les femmes sont exposées à ces misères, c'est à elles qu'il faut dire : Restez avec vos père et mère. On n'est bien que là.

Mais, en attendant, la nation a le devoir de s'organiser de manière à réduire le plus possible la longueur du chômage involontaire.

De son côté, chaque citoyen doit se constituer un foyer où l'ordre et l'économie mettent toute sa famille à l'abri du besoin.

XVI

UN MÉNAGE OUVRIER

l y a intérêt pour le mari et pour la femme à ne rien séparer de leur vie, pas plus dans le sentiment que dans l'intérêt. Le rôle de l'un est aussi noble et important que celui de l'autre. La vie du foyer est faite de confiance réciproque et de dévouement absolu. La femme doit y exercer sans conteste son influence sur son mari et ses enfants.

Le **salaire** d'un ouvrier vaudra plus ou moins, suivant la manière dont il sera employé. C'est, en effet, une qualité bien précieuse que de savoir compter, de ne faire aucune dépense mal à propos, et de régler ses appétits et ses désirs au-dessous de ses ressources.

C'est au **foyer** que s'établit par doit et par avoir le budget de l'ouvrier. Il doit même donner lieu à l'inscription régulière des comptes sur un petit livre. La femme peut, par sa bonne gestion (1) des finances communes, faire entrer l'aisance dans le ménage.

L'habitude qui consiste, de la part du mari et de la femme, à puiser dans la bourse commune, chacun de son côté, est mauvaise. Elle crée une vie de hasard, de bombance dans les premiers jours qui suivent la paye, et de privations ensuite.

Il vaut mieux arrêter, d'un commun accord, les comptes après chaque paye, et s'assurer qu'il n'en existe pas d'arriérés. L'avoir doit être ensuite réparti en sommes correspondant à diverses destinations : le loyer, la table, l'entretien, les frais généraux, la réserve.

Tout ménage ordonné garde sur ses économies des ressources pour une société de secours mutuels, une assurance en cas de décès du mari, réversible sur la tête de la femme. Il se fait ouvrir un compte, pour chacun des époux, à la **Caisse nationale des Retraites pour la vieillesse.** Si même l'aisance grandit, il assure à chacun des enfants une dotation pour sa majorité.

Le rôle de la femme au foyer, dans les questions d'économie domestique, est plus important que celui du mari.

Elle doit égayer la maison de son activité. Tout doit s'y faire par sa volonté ou par ses mains. La plus petite des innovations (2) y devient, par elle, un

(1) **Gestion** : Action de gérer, d'administrer.
(2) **Innovation** : Introduction d'une nouveauté dans le gouvernement, la loi, les usages.

événement que chacun, dans son entourage, apprécie. L'utile et l'agréable, dans les grandes et les petites choses, sollicitent ses soins.

C'est elle qui orne les chambranles des cheminées,
les tablettes des meubles, de jolis bibelots que l'on
y voit. Ici un cadre, là une photographie reposent
les yeux sur les traits de parents, d'amis, ou sur
quelque paysage, ou encore sur une scène de la vie
populaire.

Mais, si la ménagère a charge d'orner la maison,
elle ne doit pas l'encombrer. Des objets en grand
nombre appendus aux murs retiennent la poussière
et demandent du temps au nettoyage. On ne saurait
trop recommander à la femme d'éviter le mauvais
goût, de prendre l'habitude d'acheter peu d'objets,
et d'y mettre le prix. Un ménage bien tenu est un
des moyens d'influence qu'elle a à son service.

Un femme sensée, intelligente et affectueuse
trouve encore d'autres moyens pour assurer l'intensité de la vie du foyer. Elle combat le péril de la
boisson, qui désunit tant de ménages, par une cuisine soignée, abondante et appétissante. Elle force
son mari, par ses confidences sur les petits soins du
logis, à apprécier son activité. Elle le tient au courant des réformes qu'elle y a introduites et de
celles qu'elle a en projet.

Cela ne l'empêche pas de s'intéresser à la vie du
dehors que raconte l'ouvrier, et de raisonner avec
lui sur les questions de camaraderie du métier et
les événements qui passent.

Elle place ainsi le rôle de maîtresse de maison à
la hauteur d'une institution nécessaire de l'entente

commune. Elle ne laisse point, à l'intérêt que le mari porte à la vie du foyer, le temps de diminuer, tant elle s'ingénie à des innovations et à des transformations qui chassent la monotonie d'une existence trop calme.

Et puis, les enfants sont là ! La mère les élève et les connaît mieux que le père, parce qu'elle les quitte moins de la journée. Elle les lui montre, après les mille répétitions qui ont précédé son retour, lisant, écrivant, récitant des fables, jouant.

Et ce n'est pas seulement aux instants de bonheur que la vie du foyer connaît la famille intime dans l'effort. Viennent les jours de tristesse et de deuil, elle se retrouve à l'union et au dévouement pour faire face au malheur.

Cependant, quelquefois le foyer n'existe que de nom. Il est, trop souvent, le refuge des nuits, d'où s'enfuient, aux premières lueurs du jour, vers l'atelier, le mari et la femme, laissant aux voisins la garde des enfants. Cela est triste, cela est douloureux. Il faut demander à la société moins marâtre de réserver les forces de la femme pour le foyer, et de ne les utiliser que pour les devoirs de la maternité.

La société, sans la famille heureuse, ne serait pas complètement organisée. Le respect de la vie domestique garantit aux nations la puissance de l'avenir. De l'idéal (1) que chaque citoyen possède en lui, à l'égard de la femme, résulte l'état des mœurs du pays. Oubliant ses énergies de domination, l'homme ne doit en rien exercer sur sa femme une autorité

____

(1) **Idéal** : Qui existe dans l'entendement, l'imagination.

despotique. Quoi qu'il arrive, quelque graves que deviennent les dissentiments entre elle et lui, il doit pardonner et ne jamais, même avec le consentement de la loi, priver la mère de ses enfants. Ils sont à elle d'abord, et nul fils ne peut partager les ressentiments de son père à l'égard de celle qui lui donna le jour et qu'il ne saurait se représenter autrement que dans une auréole de pureté et de vertu.

XVII

L'ÉDUCATION DES MANIÈRES

N'oubliez pas que la mode impose diverses tenues auxquelles chacun est astreint suivant sa fonction ou les circonstances. N'oubliez pas que, dans ces conditions, l'habit ne permet pas de juger du caractère et de la valeur des gens.

A propos de tenues comme à propos d'opinions, il faut savoir exercer sa réflexion pour découvrir la nature, sous l'écorce conventionnelle qu'elle revêt.

Une mise soignée est l'état représentatif d'un caractère aimable, dit-on. Si cela n'est pas absolument irréfutable, c'est au moins une opinion courante qui n'est pas sans fondement.

Parce que vous êtes un apprenti ou un ouvrier, cher lecteur, vous ne croyez pas de bon goût, j'en suis sûr, d'aller par les rues dans une tenue négligée. Un mauvais genre sied mal à tous ceux qui l'adoptent, à la vérité, et surtout à un jeune homme. L'extravagance présente des dangers, ne l'oubliez pas. Elle grise son homme des bravos des camarades; elle l'excite à leur montrer des espiègleries, des excentricités, qu'il croit en harmonie avec sa mise. Elle finit par le classer dans un ridicule dont il ne parviendra même pas à se débarrasser plus tard. Mais une chose plus fâcheuse encore, c'est que le vilain genre qui était factice au commencement devient habitude invétérée en peu de temps.

Ces manières sont la marque d'un état d'esprit fâcheux, né d'un orgueil excessif et qui se juge travesti sous le bourgeron (1).

Une bonne éducation se révèle à l'aisance avec laquelle la même personne passe d'une tenue simple à une tenue élégante, d'un costume d'atelier à une toilette de visite. Il serait gênant de travailler en costume de ville; le bon goût s'en formaliserait. Donc on ne saurait aller trop loin, en disant que la mise quotidienne doit correspondre à la profession et que, rougir de son costume, c'est rougir de son métier.

Cependant, constatons que le bon ouvrier n'est jamais gauche sous sa veste de travail. Il la porte avec aisance, donc avec cachet; elle lui va et il s'y trouve à l'aise. Pourvu qu'elle soit propre, il l'aime et il y tient, comme l'on fait dans la vie de toutes les choses utiles que l'on a l'habitude d'employer.

Le bon ouvrier ne dédaigne pas l'entretien amical ou familier. Il n'est pas embarrassé, quand il rencontre une personne bien mise et qu'il connaît, d'aller à elle, et de lui serrer la main, sans croire, ni être déplacé en agissant de cette manière, ni gêner la personne qu'il aborde avec franchise, et qui l'ac-

(1) **Bourgeron** : Veste de travail.

cueille avec politesse, comme elle doit le faire également. D'ailleurs, le savoir-vivre ne se compose pas de mièvrerie.

L'accueil le meilleur est celui qui se montre tout franc et se traduit par la main tendue, l'œil fixe, le sourire aux lèvres, le buste en avant. On devine, à la pression des doigts, la valeur d'une amitié. Dans la façon de marcher, de s'asseoir, de parler et de se taire, la bonne éducation se traduit sans effort par un fait, un geste, qui font plaisir et réchauffent le cœur.

Pour en revenir au costume, s'il a pu être longtemps une marque distinctive des classes sociales, il est temps, puisqu'il ne l'est plus, que l'apprenti comprenne le ridicule des lazzis qu'il décoche parfois, sans raison, aux gens bien mis.

C'est par la communauté des belles et bonnes manières qu'il faut s'habituer à reconnaître la camaraderie dans le camarade.

D'ailleurs, l'élégance sans ostentation ne messied pas à la jeunesse. Il faut lui recommander de cambrer sa taille si, comme dirait Cyrano de Bergerac, cette cambrure-là doit amener une cambrure à l'âme.

XVIII

LE RESPECT DE LA FEMME

Vous serez un jour mari et père, suivant l'ordre de la Nature. Traitez votre femme avec le dévouement le plus profond et le respect le plus absolu, comme une égale et une amie dont l'appui vous est précieux.

Que diriez-vous si vous appreniez que votre mère, vos sœurs, ont subi un manque d'égards ou de respect de la part d'un enfant, d'un adolescent, d'un adulte ? Ne seriez-vous pas en droit d'éprouver une vive irritation et comme une profonde douleur du traitement qui leur aurait été infligé?

Méditez ces questions. Elles vous permettront d'apprécier l'étendue du respect que vous devez à toutes les autres femmes sans distinction. Elles ont aussi des fils ou des frères qui réclament le respect et la déférence pour elles.

N'oubliez pas que le rayon de bonté humaine qui adoucit les chocs des sociétés provient, pour une part, de l'influence de la femme. Elle vit effacée à son foyer et ne connaît la vie sociale que par les nouvelles que les hommes lui en apportent. Ils ont fait les lois sans elle, l'ont assujettie à les observer, et elle a accepté la tutelle qui lui était imposée.

Mais nous devons lui reconnaître un droit de conseillère nécessaire, un rôle affectueux sans lequel la famille ne saurait être la grande dispensatrice de la paix, du calme et du bonheur dans la société.

Apprenons, quand nous sommes grands, et même âgés, à comprendre la place importante qu'elle doit garder dans notre vie. Elle mérite mieux que son sort actuel. Sa dignité réclame une action plus grande dans l'humanité dont elle est la moitié, par le nombre, l'intelligence et le cœur. Ne craignons pas de chercher à l'élever bien haut et de lui offrir sa part dans les droits de l'activité sociale dont elle pratique de tous les devoirs.

C'est le rôle légal que devra remplir la génération de demain.

Un homme s'honore à n'infliger à une femme nulle peine, et à ne jamais hausser le ton de la voix avec elle. Il s'honore aussi à ne pas oublier le proverbe oriental qui dit : « N'effleure jamais le visage d'une femme, même avec une fleur. »

Vous vous marierez, jeunes gens. Acceptez de bonne heure de devenir chefs de famille, mais non avant de partir au régiment, car le foyer domestique demande à grandir dans l'habitude de s'aimer par l'adaptation lente et progressive des caractères.

Aimez votre femme, d'autant plus qu'elle vieillira, et ne craignez pas d'exposer sa beauté à pâlir et à s'étioler dans les maternités robustes et nombreuses : les enfants sont la richesse de la vie, et l'on n'est jamais trop pauvre pour en élever beaucoup quand on les aime, quand on est un esprit sain et que l'on comprend les intérêts de son pays.

Gardez pour vos enfants votre femme au foyer. A moins que vous ne gagniez pas assez d'argent pour les nourrir tous, ne l'envoyez pas à l'atelier. Les lignes qui vont suivre vous diront éloquemment que la journée qu'elle gagnera à la maison vaudra largement celle de l'usine.

<h1 style="text-align:center">XIX</h1>

<h2 style="text-align:center">LE TRAVAIL DES FEMMES EN FRANCE</h2>

Des réformes s'imposent dans le travail des femmes, car elles font de très longues journées pour un salaire

insuffisant. C'est par un groupement utile de leurs efforts qu'elles obtiendront un meilleur traitement pécuniaire dans l'industrie et dans l'agriculture, en attendant le jour où le salaire des hommes sera assez élevé pour les dispenser d'autres soins laborieux que de ceux de leur ménage.

La population active féminine est plus qu'égale en nombre à la population masculine, en ajoutant aux femmes qui ont des emplois déterminés, celles qui sont de simples ménagères, et celles aussi qui cumulent ces dernières fonctions avec un travail professionnel.

Le travail féminin est d'un temps moyen de neuf heures et demie à onze heures. Et malgré un si long effort quotidien, on constate que, dans 70 départements, les ouvrières de 17 industries sur 18, ne réussissent pas, ou ne parviennent qu'à peine à équilibrer leur budget (1).

On objectera, pour justifier l'inégalité des salaires, qu'une femme a moins d'occasions de dépense qu'un homme. La différence a été évaluée. Elle est de 1/5 seulement, tandis que le gain d'une ouvrière n'est que les deux tiers, la moitié, ou même le tiers de celui d'un ouvrier.

La moyenne des salaires industriels des femmes, dans toute la France, sauf Paris, est de 2 francs par jour, et celle de leurs salaires les plus élevés de 3 fr. 20, ce qui ne fait pas la moitié du salaire maximum de l'ouvrier, évalué à 7 fr. 50.

Pour les femmes qui travaillent dans l'agriculture,

(1) **Budget** : État estimatif des recettes et des dépenses d'une collectivité ou d'un particulier.

le salaire varie de 2 fr. 01 par jour, dans le département de la Seine, où le salaire est le plus élevé, à 0 fr. 90 dans le Morbihan, où il l'est le moins.

Or, la femme représente en France le tiers de l'effectif industriel.

De nombreuses améliorations sont à apporter au sort des ouvrières. Il convient qu'elles forment des associations professionnelles en plus grand nombre qu'elles ne l'ont fait jusqu'ici. Elles possèdent déjà des syndicats mixtes, c'est-à-dire composés de patronnes et d'ouvrières. Mais il faut ajouter que, si l'on compte 829.000 femmes employées dans l'industrie, on n'en trouve que 28.000 seulement de syndiquées. Ce dernier chiffre ne constitue que la 19ᵉ partie des ouvriers syndiqués.

A un autre point de vue la condition des femmes travaillant à l'atelier est à améliorer : leur vie manque souvent de douceurs, de confortable. Elles ne reçoivent pas les bons conseils qui peuvent les retenir au milieux des occasions de chutes.

Pour combler ces lacunes, on fonde des restaurants de femmes, et les « Midinettes (1) », c'est ainsi qu'on les nomme, augmentent peu à peu de nombre et d'importance.

Mais il faut instituer aussi des maisons de famille où la jeune ouvrière sans parents se retirera le soir. Ce sera aux fondateurs à en trouver le plan et à en organiser la vie de manière à ce que la pensionnaire s'y croie bien chez elle et y participe aux occu-

---

(1) Les **Midinettes** sont les petites ouvrières dont la mansarde est trop haut ou trop loin pour qu'elles puissent aller y prendre le repas de midi. Tout le monde s'intéresse à elles.

pations dont une femme doit être instruite en fondant un foyer.

C'est aux ouvriers, enfin, à penser à leurs sœurs d'atelier, et à les admettre dans leurs syndicats avec les mêmes garanties que les hommes, au point de vue professionnel.

Et, s'inspirant de tous ces dévouements, le législateur doit résolument arrêter à huit heures la journée de travail de la femme, lui garantir des congés d'hygiène et de santé, le repos dominical dans les maisons où elle ne l'a pas, comme les magasins, et ne pas permettre que des industriels lui fassent accepter un salaire d'appoint parce qu'elle effectue son travail chez elle, en faisant son ménage. La sollicitude de la loi doit aller encore aux dames employées des postes, à celles des télégraphes, aux institutrices. Beaucoup de ces femmes souffrent et font souche de familles malades. Il faut les maintenir au travail dans des conditions humanitaires, ou les rendre à leur foyer en augmentant raisonnablement les salaires des pères et des maris. Il faut surtout les prémunir contre les attaques de la maladie en vulgarisant dans l'intérêt de la vie sociale, les pratiques rigoureuses de l'hygiène et d'une médecine rationnelle et pratique.

XX

CONSEILS ET PRESCRIPTIONS D'HYGIÈNE ET DE MÉDECINE

L'hygiène publique et l'hygiène individuelle contribuent à maintenir un peuple sain et fort, en mettant en vigueur des pratiques rigoureuses pour empêcher la transmission des maladies contagieuses.

L'hygiène prescrit des mesures intéressant les familles, les individus, les villes, les campagnes.

Elle emploie tous les moyens connus de la science pour prévenir les maladies.

La médecine soigne les maladies de diverses sortes que l'hygiène n'a pu éviter.

Parmi ces maladies, il faut distinguer :

1· Celles qui ont des causes mécaniques et physiques: blessures, insolations, etc. ;

2· Celles qui ont des causes chimiques : intoxications (1) et empoisonnements, etc. ;

3· Celles qui ont pour agents vivants des parasites : ou gros, comme l'helmintiase (2), la gale (3), l'impaludisme (4), la filariose; ou petits, comme les parasites microbiens agissant surtout par leur toxine (5) : maladies zygomatiques (6), infectieuses (syphilis et tuberculose), etc. ;

4· Celles que l'on appelle des maladies dyscrasiques, comme le rachitisme (7), la goutte (8), le diabète (9), l'herpétisme (10);

(1) **Intoxication** : Empoisonnement qui résulte du milieu où l'on vit, surtout d'une industrie malsaine qu'on exerce.

(2) **Helmintiase** : Maladie des vers intestinaux

(3) **Gale** : Maladie cutanée et contagieuse.

(4) **Impaludisme** : Etat fiévreux créé par un séjour prolongé dans les pays chauds et marécageux.

(5) **Toxine** : Sécrétion microbienne infectieuse.

- (6) **Zygomatique** : Qui intéresse le zygoma ou os de la pommette et les deux muscles qui tirent les coins de la bouche vers les oreilles, agissant spécialement dans l'action du rire.

(7) **Rachitisme** : Courbure de l'épine du dos et des os longs, et gonflement des articulations.

(8) **Goutte** : Maladie caractérisée par la douleur, la rougeur et le gonflement des articulations.

(9) **Diabète** : Maladie dont la caractéristique est une excrétion très abondante d'urine contenant une matière sucrée.

(10) **Herpétique** : Se dit des affections de l'herpès, éruption vésiculeuse caractérisée par de légères élevures transparentes rassemblées en groupes sur une base enflammée. Vulgairement l'herpès n'est autre chose que le bouton de fièvre.

5· Il faut ajouter que la médecine procède par maladies expérimentales en inoculant à des animaux les maladies de l'homme. Cela permet de préparer des serums (1) pour en détruire les effets.

6· Une catégorie de maladies à part est constituée par les névroses de différents ordres.

I

L'HYGIÈNE

L'homme doit se défendre contre les contagions. **L'hygiène** lui en fournit le moyen et est un des agents les plus importants de sa santé.

Les maladies contagieuses se transmettent par le malade, ses déjections et ses produits de sécrétions, par l'eau et les aliments ; par les personnes qui sont ou ont été en rapport avec le malade, et les objets à l'usage de ce dernier (vêtements, linges, meubles, etc.) ; par les pièces qu'il a occupées ; par les cadavres.

Après la maladie, le convalescent doit prendre un bain savonneux et se revêtir, avant sa première sortie, de linge et d'habits désinfectés.

Le **Comité consultatif d'hygiène** à qui revient d'avoir préconisé les mesures précédentes, indique les moyens de désinfection suivants : 1° l'exposition des objets dans une étuve à vapeur sous pression ; 2° l'immersion dans l'eau bouillante; 3° l'action d'une solution désinfectante (sulfate de cuivre, chlorure de chaux fraîchement préparé, lait

(1) **Serum** : Liquide séparé du sang, quand il se coagule, — et dans lequel on introduit une toxine atténuée pour servir de vaccin contre une infection microbienne.

de chaux fraîchement préparé, sublimé). Il préconise l'emploi de deux solutions, l'une forte, à 1 pour 1.000, l'autre faible, à 1/2 p. 1.000 de sublimé, avec du sulfate de cuivre, du chlorure de chaux et du lait de chaux dans les proportions suivantes : pour la solution forte, il demande 50 grammes de sulfate de cuivre et de chlorure de chaux, dont 5 p. 100 de ce dernier produit dans un litre d'eau, avec 20 p. 100 de lait de chaux ; pour la solution faible, il précise les proportions suivantes : sulfate de cuivre, chlorure de chaux 2 p. 100, c'est-à-dire 20 grammes de ces substances dans un litre d'eau ; lait de chaux : 7 p. 100.

La solution de sublimé doit être colorée à la fuchsine (1) et additionnée de dix grammes d'acide chlorhydrique (2).

Le Comité consultatif se préoccupe de l'hygiène dans les ménages. Il réclame la prohibition de l'usage de l'eau des puits qui courent le risque d'être souillés. Il demande qu'on veille avec un très grand soin à la pureté de l'eau potable et qu'on la fasse bouillir en temps d'épidémie, ayant soin toutefois de l'aérer en l'agitant avant de la boire.

L'hygiène fait appel à la médecine pour les soins préliminaires que chacun doit pouvoir donner à son semblable atteint d'accident, en attendant la venue du médecin.

---

(1) La fuchsine est un beau colorant rouge. Dans la solution de sublimé, elle est chargée de signaler un poison violent, dont la solution, sans cela, serait incolore.

(2) L'acide chlorhydrique sert, dans ce cas, d'avertisseur au goût.

II

SECOURS EN CAS D'ASPHYXIE

En cas d'**asphyxie**(1), on soustraira le malade à l'action des gaz délétères (2) ; on le transportera en plein air ou dans un lieu aéré; on lui projettera, avec force, de l'eau froide sur la figure ; on placera sous son nez un flacon d'ammoniaque ; on le déshabillera et on lui fera rapidement quelques aspersions d'eau froide sur tout le corps.

Immédiatement après, on effectuera des tractions rythmées de la langue et des frictions longtemps continuées sur toute la surface du corps et notamment sous les clavicules, 16 à 18 fois par minute.

L'**asphyxié** étant courbé sur le dos, une personne, placée pour ainsi dire à cheval sur lui, élèvera et abaissera successivement ses bras.

Il faut avoir le courage de continuer longtemps, très longtemps, l'emploi de ces moyens, au moins jusqu'à l'arrivée du médecin. Dans des cas qui paraissaient tout à fait *désespérés, on a pu, à force de persévérance, ranimer des asphyxiés.* On entend un léger soupir qui se renouvelle au bout de quelques minutes, et la respiration ainsi que la circulation reprennent leur cours.

Au premier signe de vie donné par le malade, on le place dans un lit chaud, on lui fait avaler quel-

---

(1) **Asphyxie** : État de mort apparente et imminente, causé principalement par la suspension de la respiration (*Dictionnaire de l'Académie*).

(2) **Délétères** : Qui peut causer la mort.

..ques cuillerées d'eau mêlée avec de l'eau-de-vie ou du rhum, et on a soin d'aérer convenablement la chambre où il repose.

III

SECOURS EN CAS DE BRULURE

En cas de secours à donner à une personne **brûlée**, on enlève rapidement et doucement ce qui reste de ses vêtements.

On lave les plaies dans un bain d'eau bouillie à peine tiède; on les recouvre de compresses imbibées d'acide picrique au maximum de concentration, et on calme la douleur en évitant le contact de l'air par un pansement parfaitement propre.

IV

SECOURS EN CAS DE FRACTURE

S'il s'agit de donner les premiers soins à une **fracture**, on se préoccupe d'obtenir l'immobilité afin de calmer la douleur et d'empêcher les fragments osseux de déchirer les chairs. On ne devra exercer nulle traction, dans le but d'obtenir la réduction avant l'arrivée du médecin, et l'on ne dépouillera pas le membre atteint des vêtements qui le recouvrent, tout souillés qu'ils soient.

On appliquera des attelles (1) ou des lattes improvisées, des écorces d'arbre, sur le membre fracturé, en l'enveloppant presque entièrement; elles seront

(1) **Attelle** : Petite pièce de bois, de carton, pour empêcher le déplacement des fragments d'os.

maintenues par quelques tours de bandes : mouchoirs, ceintures, cravates, peuvent servir dans les cas d'urgence.

V

PANSEMENT DES PLAIES

Le pansement des plaies se fait comme celui des brûlures, au moyen d'une couche épaisse de coton, pour éviter tous les contacts, notamment celui de l'air. Il est cependant plus dangereux de panser une plaie quand on ignore les lois de l'antisepsie que de la laisser au contact de l'air. Il est recommandé de la laver à l'eau bouillie et de se servir pour cette opération de coton hydrophile comme éponge.

VI

SOINS EN CAS D'HÉMORRAGIE

En cas **d'hémorragie** (1), si la blessure qui donne du sang siège à la **tête**, au cœur, sur le tronc, l'un des assistants appliquera les doigts sur la plaie, qu'il comprimera jusqu'à l'arrivée du médecin ; s'il est fatigué, il se fera remplacer par un autre, mais la compression ne doit pas cesser d'être exercée.

Pour les plaies des **membres**, on établit un garrot en enroulant deux ou trois fois la partie supérieure du membre. On recherche si l'écoulement s'ar-

(1) **Hémorragie** : Écoulement du sang hors des vaisseaux, avec ou sans rupture de leurs parois.

rête en comprimant au-dessus ou au-dessous de la plaie. On fixe alors le pansement avec une cravate ou une bande, on le relève, s'il le faut, de temps en temps. Dans tous les cas, on appelle immédiatement le médecin.

VII

SOINS EN CAS D'APOPLEXIE

Pour une attaque d'**apoplexie** (1), on porte la personne frappée, au grand air ; on la couche en lui tenant la tête levée ; on lui met sur le front des compresses d'eau froide ; on lui frictionne les membres inférieurs avec force ; on lui applique aux pieds et au dos des bouillotes ou des briques chaudes, et on lui promène des sinapismes aux faces internes des cuisses.

VIII

SECOURS EN CAS D'EMPOISONNEMENT

Ici nous changeons de sujet d'études et nous allons examiner quelles substances sont réputées **vénéneuses.** Nous indiquerons ensuite, pour les ouvriers qui en manipulent, les remèdes à prendre afin d'échapper aux suites de l'intoxication qu'elles engendrent.

Les substances en question sont comprises dans

(1) **Apoplexie** : Maladie caractérisée par la perte plus ou moins complète du mouvement, sans que la respiration ou la circulation soient interrompues.

la nomenclature suivante, contenue dans le tableau annexé au décret du 8 juillet 1850 :

Acide cyanhydrique ; alcaloïdes végétaux vénéneux et leurs sels ; arsenic et ses préparations ; belladone, extrait et teinture ; coque du Levant (décret du 1er octobre 1864) ; cyanure de mercure ; cyanure de potassium ; digitale, extrait et teinture ; émétique ; jusquiame, extrait et teinture ; nicotiane ; nitrates de mercure (décret du 20 août 1894) ; opium et son extrait ; phosphore et pâte phosphorée ; seigle ergoté ; stramonium, extrait et teinture ; sublimé corrosif, blanc de céruse (décret du 18 juillet 1902 ; voir page 132).

Pour combattre l'effet d'une substance vénéneuse qui agit sur l'organisme, il faut un **antidote** (1).

Dans les empoisonnements par les acides concentrés, l'antidote est l'un des produits suivants : eau, magnésie calcinée, eau de savon, blanc d'Espagne, carbonates alcalins, lait, huile. Les ouvriers ont rarement sous la main les antidotes. Il faut qu'ils sachent que la première chose à faire est de favoriser l'évacuation du poison.

Contre l'**empoisonnement** par les champignons, les vomitifs et les purgatifs sont indiqués. Dans celui qui est occasionné par les moules, les vomitifs sont efficaces, en même temps qu'une potion antispasmodique. Le mercure ou ses composés sont combattus par les vomitifs, l'eau albumineuse contenant quatre ou six blancs d'œufs par litre d'eau, lait, magnésie et soufre mélangés. Les composés à base de zinc, étain, argent, fer, bismuth sont neutralisés

(1) **Antidote** : Contrepoison.

comme le mercure. Le plomb est combattu dans ses effets toxiques par les sulfates de soude et de magnésie, les eaux sulfureuses, l'eau albumineuse, les limonades sulfureuse ou tartrique. L'empoisonnement par le cuivre et ses composés disparaît par l'eau albumineuse et un traitement de vomitifs, de fer et de zinc métallique ou de fer réduit.

On combat **l'intoxication** par le brome et l'iode, avec l'empois d'amidon, le lait, l'albumine. On agit, en présence des composés de l'arsenic, par l'eau de chaux, l'eau sulfureuse, le lait, l'huile, les vomitifs hydrates gélatineux de magnésie et de fer.

L'alcool, l'éther, le chloroforme nécessitent pour contrepoisons : l'eau, l'ammoniaque, l'eau froide, les inhalations d'oxygène, la respiration artificielle, les tractions rythmées de la langue, et aussi le chloral, le bromure ou la morphine en cas de délire.

L'acide cyanhydrique est annihilé par les vomitifs, les révulsifs, les inhalations d'eau chlorée, d'eau ammoniacale, et les applications de glace sur la tête.

L'opium et ses dérivés, ainsi que les autres alcaloïdes, cèdent, en cas d'empoisonnement, à l'action du café noir, du thé, du tannin, d'une décoction de noix de galle, et à des vomitifs.

L'ouvrier, répétons-le, n'aura pas toujours un antidote sous la main. D'une manière générale, en cas d'empoisonnement, il faut faire vomir le malade, avec de l'ipéca ou de l'antimoine. A défaut de ces produits, il suffit de lui chatouiller la luette ou de lui faire boire du lait en abondance. Ce liquide ne présente aucun danger, sauf dans le cas d'empoisonnement par le phosphore. On peut aussi donner un purgatif, des lavements, en attendant le médecin. C'est ce dernier qui administrera l'antidote.

S'il s'agit de morceaux de verre, d'épingles, d'aiguilles avalées, il faut gorger le malade de panade épaisse et le faire vomir.

Les poisons qu'introduit le travail de l'industrie dans l'organisme de l'ouvrier ne sont pas les seuls dangers de mort qui se dressent sur les pas de l'adolescence.

Mille sollicitations malsaines la menacent journellement.

IX

L'ALCOOLISME

Nous avons tous assisté à la campagne menée par les hygiénistes contre l'abus de l'alcool.

Cette campagne a été justifiée par les ravages douloureusement constatés de ce fléau.

L'alcoolisme est un état morbide, engendré par l'abus des liqueurs fortes et des boissons fermentées.

Il atteint l'intelligence, comme aussi la sensibilité, et atrophie rapidement ces facultés. Il agite à la longue tout le corps d'un spasme nerveux et désorganise les fonctions du mouvement.

D'ailleurs, tous les organes du buveur invétéré s'imprègnent d'alcool et ses tissus se parcheminent et deviennent cassants. Le cerveau se sclérose, c'est-à-dire durcit; le cœur se charge d'un dépôt graisseux et tourne à l'hypertrophie ; les poumons se dilatent irrégulièrement, prennent une teinte vineuse et se parsèment de taches blanchâtres. L'estomac se tuméfie. Comme dernière phase du mal, l'ataxie, l'apoplexie ou la folie sont les trois alternatives entre lesquelles l'alcoolique se débat.

Ses enfants ont hérité de ses tares (1). Ils sont marqués du tabes (2) caractéristique, stigmate de dégénérescence. Ce sont des candidats à la tuberculose, sous toutes ses formes : coxalgie, phtisie. Leur front déprimé, leurs oreilles décollées et tombantes, leurs yeux au regard vide, décèlent à l'observateur toute l'histoire du père.

La femme, pauvre mère, végète, innocente et douce victime, entre le mari que la maison de santé attend, et ses fils qui finiront à l'hôpital parmi les anormaux. Elle est habituée aux mauvais traitements, aux cris de fureur, aux sévices de l'alcoolique.

Arrêtons là cette peinture sinistre, mais uniquement pour en ébaucher une autre, tout aussi triste et propre à inspirer des réflexions salutaires aux jeunes gens.

X

MALADIES VÉNÉRIENNES ET SYPHILITIQUES

Je veux vous tenir en garde, chers lecteurs, contre les tentations viles que la nuit et la flânerie vous réservent à travers la ville. Méfiez-vous des appels

____

(1) **Tare** : Vice, défaut, défectuosité.
(2) **Tabes** : Maladie qui consiste dans l'absence du libre contrôle du mouvement chez des gens qui ont conservé une force musculaire à peu près intacte.

qui vous arrivent de maisons sinistres à l'huis entre-bâillé, devant lesquelles grouillent des hommes, des femmes à mines louches qui vivent de l'immoralité, du jeu, du vice et du crime. Gardez la même retenue à l'égard de l'adolescente, drapée de soie et de velours, qui s'attache à vos pas dans les ténèbres.

Dites-vous que sous un masque artificiel de beauté, avec une voix douce et attirante, cet être dont l'ombre est l'élément favori, porte en lui une tare d'opprobre, d'inconscience, de misère morale et peut-être physiologique, de fatalité et de honte, qu'il attache à tous ceux qu'il touche.

Fuyez devant cet être. Vous êtes menacés d'avoir à regretter toute la vie la faute que vous commettriez en mêlant simplement une heure votre existence à la sienne. Des maladies très graves en résultent souvent. Ce peut être une irritation purulente des voies urinaires, ou blennorragie avec le cortège des maux subséquents : catarrhe de la vessie, rétrécissement urétral et peut-être épididymite (1). Cette dernière affection s'attaque aux glandes séminales et aux membranes qui les renferment. Elle expose le malade, surtout quand les deux glandes sont atteintes, à n'avoir jamais d'enfants. La plupart du temps, en effet, elle arrête la formation des cellules spermatiques, dont la liqueur séminale reste désormais absente. On le constate par un examen microscopique, le seul qui soit possible pour apercevoir les infiniment petits ou spermatozoïdes, ou protoplas-

____

(1) **Epididymite** : Affection qui est vulgairement appelée orchite. Les deux maladies ont, du reste, une grande analogie et les mêmes causes.

mas, générateurs de la vie humaine. C'est à cet examen qu'un honnête jeune homme, dans la crainte d'être stérile, pour un motif ou pour un autre, se soumet devant un médecin avant le mariage. En cas de blennorragie, l'épididymite et l'engorgement de tout l'appareil génital sont toujours à craindre. La moindre secousse, le moindre faux pas peuvent les déterminer. Le moyen de les éviter est de porter un bandage, et de défendre par la compression l'accès des glandes, au moment des irrigations urétrales nécessitées par le traitement.

Mais des rapports avec les filles de joie, un sacrifice à la honte, la profanation de vous-même présenteraient encore d'autres dangers. La syphilis, toujours à redouter, pourrait imprimer à votre substance, inoculer dans votre sang, jusque dans les plus infimes replis de votre organisme, le stigmate indélébile de votre passage, simplement accidentel et fugitif cependant, de la fierté à l'avilissement.

Si cet immense malheur vous arrivait, ce serait, tout le long de la vie, une succession d'épreuves : des plaies, des rhumatismes, la perte des dents, des cheveux. Enfin, à l'extrême limite possible du mal, la carie d'un os, la paralysie d'un membre viendraient clore la série des maux douloureux. Ce serait autour de vous, dans votre foyer domestique contaminé, la répulsion de tous, le chagrin sans répit, qui vous frapperaient. Vous éprouveriez en vous le dégoût de soi, la tristesse de vous sentir toujours valétudinaire ou moribond.

Ne vous exposez donc pas, jeunes gens, à jeter

le dévolu de vos sens en des aventures nocturnes, sur quelque malheureuse égarée qu'il faut plaindre et relever, et non enfermer et repousser davantage au fond de son indignité. La société prendra pitié de cette épave, quand le monde sera devenu plus humain et plus juste. Mais, en attendant, cette femme est un danger public ; elle peut étouffer, dans la déchéance et la décrépitude, la jeunesse, la force et les espérances de l'adulte, et changer en vieillard « son frêle courtisan ».

Mais, si le malheur immense de la contagion vous frappait, le silence de votre part serait une seconde faute, plus lourde que la première. Ne vous médicamentez pas au hasard. Le copahu, le cubèbe, le sulfate de zinc, les injections de toutes sortes, usités dans diverses affections vénériennes peuvent rendre votre mal excessivement dangereux, s'ils sont employés inconsidérément. N'apportez votre argent, ni aux pharmaciens spécialistes, ni chez les réclamistes qui proposent, jusqu'au fond des vespasiennes, des panacées pour la guérison des maladies génito-urinaires et de celles des maladies vénériennes qui sont infectieuses. Voyez le médecin. La science a d'infinies ressources, et peut-être après plusieurs années de soins, aurez-vous retrouvé une santé relativement moins mauvaise.

Néanmoins vous conserverez toujours la tare de la syphilis, si une fois vous en avez été atteint. Elle pourra se rappeler à vous au bout de quinze, vingt ans.

Il n'en est pas toujours ainsi, heureusement ! Toutefois, quand, plus tard, un triste jour, la bouche se teinte de plaques blanchâtres et que des bosses (des gommes) se déposent sur les apophyses (1) des vertèbres; que le corps tout entier se couvre de gros boutons couleur lie de vin avec de larges têtes noires, il faut se rappeler que c'est là le reliquat du passé.

La syphilis ne pardonne pas.

D'aucuns prétendent la soigner par les herbes médicinales; d'autres par les douches de vapeur médicamenteuse. Ce dernier traitement nécessite six mois de soins et réussit souvent.

Mais ce qu'il faut bien se dire, c'est qu'on ne dompte la syphilis qu'avec le mercure en pilules, solution, sirop, pommade, et que le remède, qui est lui-même un poison violent, est tenace et pénètre jusque dans les jointures des os.

Le tableau sinistre que nous venons de tracer a son pendant dans celui d'une maladie d'un autre genre, qui sévit sur tous les pays occidentaux avec une effrayante intensité. On l'appelle la *PHTISIE*.

Cette affection se traduit par des lésions dans le larynx, dans les bronches et dans les poumons. Quand les déchirures du tissu se compliquent d'infection et de purulence, la phtisie devient de la tuberculose.

XI

LA TUBERCULOSE

La **tuberculose** est propagée par un infiniment petit, le bacille virgule ou bacille de Koch. C'est

(1) **Apophyse** : Saillie qui s'avance hors du corps d'un os.

par la toxine ou virus qu'il sécrète que se poursuivent ses ravages.

La tuberculose n'atteint pas seulement les organes
de l'appareil respiratoire, mais elle végète également
dans toutes les parties du corps, même dans le cerveau et le système osseux.

Elle est héréditaire en ce que l'atavisme de la
tuberculose prédispose un homme, à la suite d'excès
de travail, d'insomnie, d'alcoolisme, de chauds et
froids, d'abus divers, à devenir phtisique ou tuber-
culeux. Mais le danger atteint moins souvent les
gens sobres et rangés. L'hygiène, les bons soins,
surtout dans l'enfance et dans l'adolescence, forti-
fient un organisme et le préservent de la contagion.

On ne peut pas dire que la médecine ait décou-
vert un véritable traitement applicable à la généra-
lité des cas de tuberculose. La créosote, le salol, le
sous-sulfure de sodium, l'iodoforme, la teinture
d'iode, les révulsifs, les cautérisations ponctuées
donnent des résultats inégaux. Plusieurs vaccins
ont été préconisés ; quelques-uns ont donné des
cures satisfaisantes. L'isolement dans les sanatoria
peut avoir du bon, mais il doit correspondre à de
nombreuses conditions, naturelles et artificielles. De
plus, ces établissements sont encore trop peu nombreux et ne constituent pas un régime abordable
pour les petites bourses. Certains ont été établis
sur les pentes des montagnes ou dans le fond des
vallées. On prétend qu'en montagne, le phtisique
respire trop et trop vite, l'air étant plus léger, et
qu'ainsi la vie organique perd dangereusement des

forces qui lui seraient utiles. D'autres sanatoria ont été installés au bord de la mer. Le malade, dans les diverses institutions de ce genre, est soumis à des traitements variés : par l'air, la lumière, l'électricité. Dans certaines stations thermales, il suit en même temps le traitement sulfureux.

La difficulté d'introduire les médicaments en quantité suffisante dans l'estomac, à cause de la faiblesse des fonctions digestives du phtisique, est la cause de bien des insuccès pour les médecins.

Aussi une autre thérapeutique a-t-elle été adoptée : c'est celle qui consiste à profiter des propriétés osmotiques (1) de la peau et de l'enveloppe des poumons, pour faire absorber directement par ces tissus la substance médicamenteuse non volatile quelle qu'elle soit. C'est la méthode d'**absorption cutanée et pulmonaire**. Elle emploie des douches, des bains de vapeur chargés de produits médicinaux. A partir de 38°, l'absorption se fait parfaitement. En même temps qu'il triomphe de la phtisie, ce traitement guérit, on le comprendra, un grand nombre de maladies, notamment les rhumatismes. Simultanément avec les bains et les douches d'ammoniaque ou de térébenthine, les phtisiques suivent un régime d'inhalations d'huile d'œuf, de bourgeons

---

(1) **Osmotique** : Qui a la propriété de se laisser pénétrer par des substances liquides ou gazeuses, et de permettre des échanges entre l'intérieur et l'extérieur d'un corps à travers une membrane. Ainsi, l'eau sucrée mise dans un bocal où se trouve une vessie gonflée d'eau claire, cède une portion de son sucre à cette eau, jusqu'à ce que l'équilibre de densité soit établi. De même l'absorption cutanée permet un échange entre les glandes sudoripares et la vapeur médicamenteuse.

d'euclalyptus, de goudron et d'alcool. Cette médication (1) efficace, scientifiquement dénommée : thérapeutique Encausse, ne réclame qu'une installation réellement simple.

Les écoles, les ateliers, les casernes devraient en être pourvus. Ce serait, à l'usage des agglomérations où les contagions diverses se rencontrent, les traitements préventif et curatif réunis en un seul, pour le plus grand avantage des familles qui hésitent, faute de ressources trop souvent, même en des maladies graves, à faire appel au médecin.

La tuberculose sera peut-être combattue un jour par un vaccin tout à fait efficace. La méthode des maladies expérimentales, qui consiste à provoquer chez les animaux des états morbides existant chez l'homme, pour les étudier à loisir dans toutes leurs phases, en déterminera, espérons-le, la formule. Celui qui arrivera à introduire dans un bouillon de culture de bœuf, de veau, de poulet ou de tout autre animal, le terrible microbe de la phtisie, à l'élever, à l'engourdir, et à le faire servir à une inoculation atténuée et sans danger, chez l'homme et chez l'enfant, aura réalisé une grande et belle découverte, bien supérieure à celle du vaccin contre la rage, faite par l'illustre Pasteur, et à celle du croup, réalisée par le Dr Roux.

En attendant, défendons notre état général contre tout affaiblissement. Ménageons notre système nerveux et faisons provision, pour notre substance, de

____

(1) **L'absorption cutanée**, par le Dr Gérard Encausse, chez Chamuel, éditeur.

phosphore et d'azote. Quand l'état général est satisfaisant, la maladie ne vient pas.

XII

LA NEURASTHÉNIE

Ménageons surtout nos nerfs. Nous pouvons quelque chose contre l'affection nerveuse la plus pénible,
la plus longue et la plus commune : la **neuras-
thénie.** Elle est caractérisée par un trouble général dans les centres nerveux : cerveau, cervelet
surtout, moelle allongée et moelle épinière. Elle jette
le sujet dans un découragement profond, réduit le
champ de sa volonté et le met dans l'impossibilité de
se servir d'une manière suivie de certaines facultés et de certains organes, qui cependant demeurent intacts. Elle est en général occasionnée par
un grand surmenage, intellectuel ou physique; par
des déceptions, des chagrins. Elle dure longtemps,
mais elle est presque toujours guérissable. La
cure de cette maladie dépend du sujet qui en est
atteint. Il doit se dire que les idées noires qui
sont avec les vertiges, les insomnies, le découragement, l'amnésie (1), la caractéristique de son état,
cesseront quand les forces seront revenues. Il
doit réagir contre les pseudo-accidents des fonctions, ne pas s'étonner des rechutes, et être assuré
que la maladie de cœur grave, dont il croit à tort
être atteint, est l'un des phénomènes nerveux passagers desquels il ne faut point se désoler.

Ses efforts devront tendre à l'action consciente, à

(1) **Amnésie** : Absence de mémoire.

la mise en place de sa volonté et de son énergie, qu'il doit arracher à l'aboulie (1) par la promenade au grand air, la distraction saine et tous les exercices auxquels il pourra se livrer avec quelque attention et sans fatigue.

Mais il vaut mieux éviter d'avoir besoin de tels ménagements en continuant de se bien porter, par une vie douce et calme et en observant cette variante du conseil donné par le sage : Sommeil et travail, sobriété avec frugalité, patience et vertu économisent autant de santé que d'écus. — Tous les efforts et toutes les collaborations doivent être mis à contribution pour obtenir ce résultat satisfaisant. Il est quelqu'un qui peut y contribuer plus que personne : c'est la jeune fille, dont nous allons déterminer le rôle social.

XXI

POUR LA JEUNE FILLE

Nous n'avons pas le droit de tromper un cœur en lui taisant tout ce que nous croyons être la vérité nécessaire. Il faut resolument prouver à nos filles et nos fils que notre tendresse nous oblige à les tenir en garde contre les dangers et à les mettre au courant de tous les devoirs.

Devant les misères physiologiques et morales de l'existence, il ne faut pas entrer dans la mêlée humaine sans préparation sérieuse.

Des éducateurs informés ne pourraient-ils pas tenir aux jeunes filles le langage suivant :

____

(1) **Aboulie** : Confusion dans le jeu des facultés, résultant d'un manque d'équilibre des fonctions nerveuses, sans atrophie organique.

Votre perfectionnement, Mademoiselle, est un soin que vous devez dorénavant assumer vous-même, puisque vous avez quitté l'école. L'éducation de soi-même comporte une méthode usuelle que vous avez à acquérir, touchant vos fonctions dans la vie, de manière à réduire le plus possible la part relevant du hasard.

A l'heure actuelle vous apprenez à tenir un intérieur, sous la direction de votre mère. Vous faites assez bien la cuisine. Vous cousez, tricotez, brodez. Vous coupez et assemblez une jupe, un corsage. Vous laveriez du linge à l'occasion, et vous sauriez le repasser. Avec ces aptitudes, vous avez en même temps un savoir primaire et des notions sur la plupart des moments et des actes essentiels de l'existence.

Cela pourrait vous suffire si vous deviez rester seule. Mais, selon toute probabilité, vous vous marierez un jour et vous aurez des enfants. Les éventualités les plus diverses traverseront votre existence. Il vous faut, avant la venue des divers événements, en avoir prévu le plus grand nombre.

Donc vous n'êtes pas chez vos parents pour attendre l'âge de vous marier. Vous avez une mission plus noble : celle de les aider d'abord, celle de vous perfectionner ensuite.

Je ne vous demande pas si vous allez vivre en recluse. L'âge commande ses goûts, et le vôtre réclame de la gaîté. Vous rendrez des visites, vous ferez de la musique, et convierez à des goûters quelques amies. Les parties de campagne vous donneront des occasions d'éviter la monotonie. Vous lirez, vous écrirez quelques lettres, vous irez à l'atelier, si vous êtes employée au dehors.

Mais il n'y a pas que cela dans la vie, Mademoiselle, et vous vous en rendez compte.

Le jour où vous aurez un foyer, il s'agira d'y retenir votre mari. A cette heure vos frères, votre père peut-être, vous permettent d'expérimenter des moyens pour garder des êtres chéris auprès de soi durant les soirées.

Vous serez mère : vos fils et vos filles seront sujets aux maux qui assaillent les enfants. Le médecin, la sage-femme ne seront pas toujours là à l'heure utile. Vous devrez donc savoir vous transformer en médecin et chercher dans votre cuisine les ressources d'une pharmacie. Vous apprendrez à vous servir de l'eau bouillie pour combattre la gastro-entérite des enfants à la mamelle. Vous tremperez un marteau dans l'eau à différentes températures et l'appliquerez sur la peau, comme vésicant ou comme rubéfiant. Vous ferez des bains avec de l'eau et du sel, en cas de contusions; vous mêlerez le poivre à la graisse en guise de sinapismes. L'huile vous servira de purgatif; le vinaigre vous tiendra lieu d'excitant.

Mais, vous-même, vous devrez être une hygiéniste de premier ordre, pour ne pas tomber malade à votre tour.

Il y a donc nécessité à ce que vous ayez des connaissances pratiques avant de vous marier.

Ne craignez pas de visiter des crèches, des garderies; de pénétrer dans les hôpitaux, d'aller regarder soigner des plaies, d'assister des femmes enceintes, de promener des enfants dans les bras, pour leur épargner les déformations des membres inférieurs occasionnées par la voiture.

Vos instincts de jeune fille honnête ne doivent pas être révoltés par l'exposition d'une vérité sous la forme quelquefois rude qu'elle revêt, si vous trouvez une nécessité morale à la connaître.

D'ailleurs, vous avez votre mère. Elle a dû tout vous dire : Vous devez avoir appris d'elle, depuis les notions d'hygiène spéciale, jusqu'à vos devoirs de future épouse. Vous lui direz en toute franchise l'affection que vous aurez choisie et ce sera chez vous, devant vos parents, que les paroles seront échangées avec votre fiancé.

Je ne me défie de rien dans l'éducation d'une jeune fille, autant que des surprises. Il existe une minute exacte où il faut qu'elle choisisse un avenir. Ce ne doit pas être sans avoir prudemment réfléchi aux conséquences d'une aussi grave décision, et sans avoir consulté les personnes en qui sa confiance est le mieux placée.

Vous aurez un idéal en donnant votre main, celui d'établir avec votre mari la communauté des efforts dans tous les événements auxquels vous serez mêlés.

Le contrat légal a pour complément moral un engagement tacite de solidarité. C'est en l'observant qu'on apprécie, en avançant en âge, les liens que l'habitude de se comprendre resserre de plus en plus. Dans les idées comme dans les faits, il vous sera utile, jeune fille, de choisir pour mari un homme qui vous comprenne et accepte d'être un soutien pour vos projets, comme vous le serez pour les siens.

Assurez-vous qu'il aura pour vos opinions, tout le respect dû à votre personnalité. Pour cela, mettez des deux côtés vos idées en présence avant votre union.

Il faut que le nid — disons votre foyer — ait une telle attirance pour votre âme que nulle satisfaction du dehors ne puisse vous tenter. Le don de votre affection doit être si complet, qu'il ôte de votre cœur toute envie inconsciente et pernicieuse de vagabondage capricieux. Votre époux, choisi avec réflexion, synthétisera pour vous la joie que vous éprouverez à voir dans ses perfections celles que l'hérédité, réalisant votre rêve de sentiment, transmettra à vos enfants.

La pensée des berceaux est salutaire contre les erreurs et les chutes. Le devoir et l'affection coalisés en vous dédaigneront la tentation des matadores méphistophéliques brillants, lascifs et impurs. La vision des joies du foyer vous préservera de leurs atteintes, sous lesquelles s'effeuillent et meurent les femmes et les fleurs. Votre talisman sera fait de pureté et de vertu.

Vous arriverez à l'heure nuptiale, sous le toit paternel, d'accord avec toutes les forces morales de votre âme. Vous apporterez pour dot d'affection, dans la corbeille des dons, trois fleurs précieuses comme l'édelweiss : la pureté des vierges, l'affection des fiancées, et l'amour inné des mères.

TROISIÈME PARTIE

Éducation légale du métier.

1° — LOIS DE PROTECTION

XXII

L'APPRENTI ET L'APPRENTISSAGE

L'apprentissage est un contrat. Il impose des devoirs à l'apprenti et au patron. A sa libération, l'apprenti reçoit de son maître un certificat d'exécution de contrat. Les contestations d'apprentissage relèvent de la JUSTICE DE PAIX ou des PRUD'HOMMES.

1. — La protection du jeune homme et de la jeune fille, et le droit équitable du patron et de l'apprenti, telles sont les bases du contrat d'apprentissage. La loi du 10 octobre 1892, article 10, oblige l'industriel prenant un apprenti à exiger du père ou du tuteur un livret qui est délivré gratuitement par le maire et dont nous reparlerons plus loin.

2. — C'est **la loi du 4 mars 1851** qui règle les Contrats d'apprentissage. Elle dit :

Article premier. — Le **contrat** (1) **d'ap-**

---

(1) **Contrat** : Convention, pacte, traité entre deux ou plusieurs personnes, rédigé par écrit, et quelquefois aussi conclu par paroles, c'est-à-dire verbalement.

prentissage est celui par lequel un fabricant, un chef d'atelier ou un ouvrier s'oblige à enseigner la pratique de sa profession à une autre personne, qui s'oblige, en retour, à travailler pour lui, le tout à des conditions et pendant un temps convenu.

2. — Le **contrat d'apprentissage** est fait autant que possible par **acte public** (1) ou par **acte sous seing privé** (2). Mais le **contrat verbal** est également admis.

3. — **L'acte d'apprentissage**, signé par les intéressés, mentionnera : les nom, prénoms, âge et domicile du **maître** et de **l'apprenti** et des **père** et **mère** de ce dernier ou de son **tuteur**; la *date* et la *durée* du **contrat**; les *conditions* de **logement**, de **nourriture**, de **prix**, et toutes les autres conventions arrêtées entre les deux parties, comme, par exemple, de savoir si l'enfant *devra faire des* **courses.**

4. — Le **patron** qui reçoit des **apprentis** doit avoir *vingt et un ans au moins;* pour loger comme apprenties des filles mineures, il doit être marié. Une condamnation pour certains délits lui enlève le droit d'avoir des apprentis.

5. — Le **patron** remplace le père de famille dans la surveillance du jeune homme. Il a charge d'apprendre à celui-ci son métier, progressivement et complètement. Si l'apprenti a moins de **seize ans** et ne possède pas une instruction suffisante, ou s'il

(1) **L'acte public** est celui qui est passé par-devant notaire.

(2) **L'acte sous seing privé** est fait entre particuliers et signé par les intéressés, sans l'intervention d'un officier public.

n'a pas terminé sa première éducation religieuse, *le maître lui doit le temps et la liberté nécessaires pour compléter ses connaissances.* Il délivre au jeune homme, à la fin de l'**apprentissage**, un **certificat d'exécution du contrat.**

6. — Tout fabricant ou *employeur* qui détourne un apprenti de chez son maître s'expose à des poursuites.

7. — Toutes les questions intéressant les désaccords entre le **patron** et **l'ouvrier** sont justiciables du tribunal des **prud'hommes,** ou de la **justice de paix,** s'il n'y a pas de *prud'hommes.*

Le Conseil de prud'hommes qui est saisi d'un litige entre patron et apprentis délègue un de ses membres, patron ou ouvrier de la profession, pour surveiller l'apprentissage. C'est ce qu'on appelle placer l'apprentissage sous la surveillance d'un conseiller prud'homme du métier.

XXIII

COMMENT ON REDIGE
UN CONTRAT D'APPRENTISSAGE

Une formule modèle se rapportant aux obligations de l'apprentissage peut aider à la confection d'un contrat, dans un certain nombre de situations. Les clauses générales demeurant les mêmes, les réserves circonstancielles dépendront de la perspicacité des parties contractantes, autant dans l'intérêt du patron que dans celui de l'apprenti et des parents.

FORMULE

Entre les soussignés :

1° **Ramond**, *Jean-Louis-Jacques*, *mécanicien-électricien*, âgé de **trente-cinq ans**, *domicilé* à Paris, rue Servandoni, n° 14 (6° arrondissement) ;

2° **Cornudet**, *Albert-Victor-Jean*, âgé de **treize ans** et domicilié à Paris rue de Mézières, n° 16, (6° arrondissement) ;

3° **Cornudet**, *Félix-Guillaume-Hippolyte*, *coupeur d'habits*, père du précédent, qui habite chez lui, à Paris, rue de Mézières, n° 16 (6° arrond^t);

4° **Lestable** *Marie-Augustine*, *épouse* **Cornudet**, ménagère, mère de **Cornudet**, *Albert-Victor-Jean*, également domiciliée à Paris, rue de Mézières, n° 16 (6° arrondissement) ;

2. — Est intervenu, à la date de ce jour, deux de septembre mil neuf cent trois, pour recevoir son commencement d'exécution à partir de lundi, sept courant, le **contrat** suivant :

3. — Le jeune **Cornudet** *Albert-Victor-Jean*, entre chez M. **Ramond**, *Jean-Louis-Jacques*, **patron**, *en qualité* **d'apprenti.**

La **durée** du **contrat** est fixée à **quatre années.** Pendant ce temps, le jeune **Cornudet** n'aura droit, en principe, à aucun salaire, mais seulement à la **nourriture** et au **logement**;

Il s'engage à donner tous ses soins et tout son temps à l'étude de la **profession** que M. Ramond, Jean-Louis-Jacques, de son côté, lui enseignera convenablement ;

4. — De **convention** *expresse* entre les contractants, le jeune **Cornudet** restera pendant la

durée fixée ci-dessus chez M. **Ramond** son patron, et ne le quittera sous aucun prétexte, comme M. **Ramond** promet de conserver près de lui le jeune **Cornudet** pendant ce même temps, *à moins que son attention et son travail ne soient pas en rapport avec le dévouement et les progrès que l'on peut exiger d'un apprenti de son âge.*

5. — Il est encore expressément convenu entre les contractants que si le jeune **Cornudet** quitte, sans raison valable, son patron, il payera, ou les parents payeront pour lui, comme **dédit** et **dommages-intérêts :**

6. — Dans les 6 premiers mois du contrat : **100** fr.

Du 6e au 12e mois	—	**200**
Du 12e au 18e mois	—	**300**
Du 18e au 24e mois	—	**500**

7. — En cas de *contestations* sur l'exécution du présent **contrat,** les parties les soumettront dans les termes mêmes de la loi du **22 février 1851** sur le contrat d'apprentissage, au juge de paix du canton où est domicilié M. **Ramond,** patron du jeune **Cornudet,** ou au tribunal des **Prud'hommes.**

CLAUSES SPÉCIALES

8. — Si M. **Ramond** est satisfait du travail du jeune **Cornudet,** il prend l'engagement **moral** de lui attribuer, à partir de la fin de la première année d'apprentissage, un **salaire** quotidien *du quart de la journée de ses ouvriers les moins payés.* Ce salaire augmentera d'une *part égale,* à la fin de *cha-*cune des années suivantes, de manière à ce qu'à la

fin de l'apprentissage, le jeune **Cornudet** soit naturellement en possession d'un salaire complet d'ouvrier.

9. — Ce **salaire,** *librement octroyé* par M. **Ramond,** ne doit pas, dans l'intention du patron, lui permettre d'employer le jeune **Cornudet** au lieu et place d'un ouvrier, et *de faire ainsi une économie de bras sur la main-d'œuvre des adultes de son atelier.*

Celle des deux parties qui obligera l'autre à produire ce contrat en justice payera les droits de timbre et d'enregistrement, et les amendes s'il y a lieu.

10. — Fait à **Paris,** en *autant* d'**originaux** que de **parties,** le deux du mois de septembre mil neuf cent trois.

Signature du patron :　　*Signature de l'apprenti :*
RAMOND JEAN.　　　　CORNUDET ALBERT.

Signature des parents :
FÉLIX CORNUDET.

LESTABLE, femme CORNUDET.

XXIV

LOI SUR LE TRAVAIL DES ENFANTS, DES JEUNES FILLES MINEURES ET DES FEMMES DANS LES ETABLISSEMENTS INDUSTRIELS. (DU 2 NOVEMBRE 1892)

Modifiée par celle du 30 mars 1900

La LOI du 2 NOVEMBRE 1892 protège le travail des enfants, des filles mineures et des femmes dans les établissements industriels, et réglemente minutieusement le nombre de leurs heures do travail, qui doivent être coupées de repos. Elle leur interdit le travail de nuit et leur attribue un jour de repos par semaine, en plus des jours de fête. Elle prescrit l'affichage de la loi et des règlements protecteurs du travail de l'ouvrier. Elle commet les inspecteurs du travail pour faire respecter les décisions de l'Etat.

1. — D'après *cette loi*, les enfants, filles ou garçons, ne peuvent travailler dans les usines, mines, chantiers, ateliers et leurs dépendances, avant l'âge de **treize ans** révolus. Exception est faite, cependant, pour ceux qui ont obtenu le **certificat d'études primaires** à l'âge de **douze ans** et sont, en outre, pourvus du **certificat d'aptitude physique** délivré par un médecin désigné à cet effet.

2. — Les **maires** sont tenus de remettre *gratuitement* aux **parents,** aux **tuteurs** ou au **patron,** un **certificat** contenant les nom, prénoms, date de naissance, domicile (mention du certificat d'études, s'il y a lieu), de l'apprenti de **moins** de **dix-huit ans.** La loi oblige l'industriel à marquer sur la première page l'emploi de l'enfant et sa date d'entrée chez lui. Le patron est le détenteur du *livret* et doit le montrer à l'inspecteur du travail, chaque fois que celui-ci l'exige. Au départ de l'enfant, le patron est tenu de signer le livret et de le remettre à son père ou à son tuteur.

Le temps d'occupation des enfants dans les établissements industriels est régi par le texte suivant de la **loi** du **30 mars 1900** modifiant les *articles* 3, 4, de la doi de 1892 :

ARTICLE PREMIER. — Les articles 3, 4, de la loi du 2 novembre 1892 sur le travail des enfants, des filles mineures et des femmes dans les établissements indus'riels sont modifiés ainsi qu'il suit :

« ART. 3. — Les jeunes ouvriers et ouvrières jusqu'à l'âge de **18 ans et les femmes** ne peuvent être employés à un **travail** effectif de plus de **onze heures** par jour, coupées par un ou plusieurs **repos**, dont la durée totale ne pourra être inférieure à **une heure** et pendant lesquels le travail sera interdit.

« Au bout de **deux ans** à partir de la promulgation de la présente loi, la durée du travail sera réduite à **dix heures et demie** et, au bout d'une **nouvelle période** de deux années, à **dix heures**.

« Dans chaque établissement, sauf les usines à feu continu et les mines, minières ou carrières, les **repos** auront lieu aux mêmes heures pour toutes les personnes protégées par la présente loi.

« *Art. 4, § additionnel.* — A l'expiration d'un délai de deux ans à partir de la promulgation de la présente loi, les dispositions exceptionnelles concernant le **travail de nuit** prévues aux paragraphes 2 et 5 du présent article cesseront d'être en vigueur, sauf pour les **travaux souterrains** des mines, minières et carrières.

3. — *Au-dessous* de **dix-huit ans**, les enfants ne sont employés que **six** jours par semaine. Les *jours de fête* ils **chôment**, et *ne doivent même pas ranger l'atelier.*

4. — Le décret-loi du 9 septembre 1848 fixait à douze heures la journée de travail des ouvriers. Aujourd'hui la loi de 1892, modifiée par la loi de 1900, prévoit le cas où des adultes, des ouvriers et des femmes travaillent ensemble. Dans ce cas, le **maximum** des heures de travail de la journée est actuellement, pour tous, de dix heures et demie. Il ne doit plus être, à partir du **30 mars 1904**, et définitivement, que de **dix heures.**

5. — Toutes les indications concernant les lois et règlements du travail, notamment la **loi de 1892**, les **règlements relatifs** à *son exécution*, les **heures d'entrée** à l'atelier, **celles de repos**, les **noms et adresses** des **inspecteurs du travail**, doivent être affichées dans l'**usine** ou l'**atelier.**

6. — Les **inspecteurs du travail** veillent à

l'application de la loi et dressent, s'il y a lieu, autant de **contraventions** (1) qu'ils constatent de fois **un délit** (2) par individu.

Ils veillent également à ce que les fardeaux et les poids portés par les enfants et les jeunes filles ne soient pas au-dessus de ceux qu'autorise la loi.

XXV

LÉGISLATION DES FARDEAUX ET DES POIDS

Interdiction est faite aux patrons d'obliger les jeunes ouvriers et ouvrières à porter des poids, à soulever, traîner ou pousser des fardeaux, au delà des limites prévues et autorisées par le DÉCRET du 13 MARS 1893 et l'ARRÊTÉ du 31 JUILLET 1894. Ces mesures de préservation professionnelle ont été complétées par la LOI COLLIARD, du 30 MARS 1900.

1. — L'œuvre de protection de la **loi du 2 novembre 1892** a été complétée par le **décret** du **13 mars 1893,** qui règle les **poids, fardeaux** que les jeunes ouvrières et ouvriers sont autorisés à porter, soit à *l'intérieur des établissements*, soit *sur la voie publique*, sans qu'on puisse exiger d'eux davantage.

2. — Le décret en question autorise :

Pour les **jeunes gens** *au-dessous de* **quatorze** ans, **10** kilogrammes ;

Pour ceux de **quatorze** à **dix-huit** ans, **15** kilogrammes ;

Pour les **jeunes filles** *au-dessous de* **seize** ans, **5** kilogrammes ;

(1) **Contravention** : Manquement à une loi, à un règlement, à un contrat.
(2) **Délit** : Infraction plus ou moins grave à la loi.

Pour les **jeunes filles** de **seize** à **dix-huit** ans, **10** kilogrammes.

3. — L'**arrêté** (1) du **31 juillet 1894** établit la limite supérieure de la *charge* que les jeunes gens et les jeunes filles *au-dessous de 18 ans* sont admis à *porter* et à *traîner*.

4. — Ces **poids** sont fixés de la manière suivante, **véhicule** *compris :*

1° **Wagonnet** circulant sur la voie ferrée :

Garçons *au-dessous de* **quatorze** ans, **300** kilogrammes ;

Garçons de **quatorze** à **dix-huit** ans, **500** kilogrammes ;

Filles *au-dessous* de **seize** ans, **150** kilogrammes ;

Filles de **seize** à **dix-huit** ans, **300** kilogrammes.

2° **Brouettes :**

Garçons de **quatorze** à **dix-huit** ans, **40** kilogrammes ;

3° **Voitures** à *trois ou quatre roues*, dites « *placières* », *pousseuses, pousse-à-mains :*

Garçons *au-dessous* de **quatorze** ans, **35** kilogrammes ;

Garçons de **quatorze** à **dix-huit** ans, **60** kilogrammes ;

Filles *au-dessous* de **seize** ans, **35** kilogrammes ;

Filles de **seize** à **dix-huit** ans, **50** kilogrammes.

(1) **Arrêté** : Décision du ministre ou d'un fonctionnaire du mode administratif : préfet, maire.

4° Charrettes à bras ou à **timon**, dites : *haquels, brancards, charretons, voitures à bras,* etc., etc. :

Garçons de **quatorze** à **dix-huit** ans, **130** kilogrammes.

Nous avons vu qu'une loi est venue compléter heureusement les mesures de protection en faveur des femmes et des enfants, le 30 **mars** 1900. C'est la loi Colliard.

Elle interdit les heures *supplémentaires* aux ouvriers, *dans les usines mixtes où l'on emploie des apprentis,* âgés de moins de dix-huit ans, ou des femmes, en même temps qu'elle *règle le nombre* **d'heures** de la *journée* des **adultes.** Elle prononce l'obligation, dans chaque établissement, sauf les usines à feu continu, et les mines minières ou carrières, de donner les repos aux mêmes heures, pour toutes les personnes protégées par la présente loi.

L'hygiène et la sécurité des travailleurs sont également l'objet de prescriptions rigoureuses, notamment de la part de la loi du 12 juin 1893.

XXVI

LOI CONCERNANT L'HYGIENE ET LA SECURITE DES TRAVAILLEURS DANS LES ETABLISSEMENTS INDUSTRIELS, DU 12 JUIN 1893, ET DECRET DU 10 MARS 1894.

La loi du 12 JUIN 1893 se préoccupe minutieusement de l'hygiène et de la sécurité des travailleurs dans la disposition ou l'organisation des usines. Elle oblige les

6

chefs d'entreprise à déclarer à la mairie les accidents qui atteignent leur personnel.

Le **DÉCRET DU 10 MARS 1894** ordonne des locaux spéciaux pour les repas des ouvriers, et prescrit des signaux pour la mise en **MARCHE** des machines, ainsi que des précautions diverses pour la vie et la santé [des travailleurs.

1. — La loi du **12 juin 1893** oblige les **établissements industriels** à s'aménager de manière à garantir la **sécurité** des travailleurs. Elle demande des **barrages** : *grilles, sabots, enveloppes métalliques*, pour empêcher *les courroies des arbres de couche et les roues motrices* de blesser les ouvriers qui en approchent. Elle prescrit la bonne tenue des machines, chaudières.

2. — Elle commet les **inspecteurs du travail** à l'exécution de la loi.

Le décret du **10 mars 1894** complète cette **loi** et se préoccupe de tout ce qui concerne **l'éclairage, l'aération** ou la **ventilation, les eaux potables**, les **fosses d'aisances, l'évacuation des poussières et vapeurs, les précautions à prendre contre les incendies.**

Les **contraventions**, d'après la loi, sont poursuivies devant le **tribunal de simple police**, pour une *première fois* ; et, en cas de récidive dans les **douze** mois, *devant la* **police correctionnelle.**

3. — En cas **d'accident** survenu à un ou à plusieurs ouvriers employés dans les **manufactures, fabriques, usines, chantiers, ateliers** *de tout genre et leurs dépendances,* le **chef**

d'**entreprise** ou, à son défaut et en son absence le **préposé,** fera une **déclaration** au maire de la commune, dans les **quarante-huit** heures.

4. — A cette **déclaration** sera joint un **certificat** de **médecin produit par le patron** et mentionnant l'état du blessé, les suites probables de l'accident.

5. — Le décret du 10 mars exige que les ouvriers ne prennent leurs repas, *ni dans les ateliers, ni dans aucun local affecté au travail.* Il prescrit aux **patrons** de mettre à la disposition de leur personnel les moyens d'assurer la **propreté individuelle,** *vestiaires* avec *lavabos,* ainsi que *l'eau de bonne qualité* pour la boisson.

6. — Il exige l'emploi de **signaux** pour l'arrêt et la mise en train des **moteurs.** Au point de vue du machinisme, il prescrit des **mesures très fermes,** toutes destinées à ménager la vie de l'ouvrier.

Il rend responsables des accidents du travail, le patron d'ouvriers des corps d'état spécifiés dans le chapitre suivant.

XXVII

RESPONSABILITÉ DES ACCIDENTS DU TRAVAIL ET CONTESTATIONS ENTRE PATRONS ET OUVRIERS, AU SUJET DE LA RESPONSABILITÉ DES ACCIDENTS DU TRAVAIL. (Loi du 9 avril 1898, modifiée par celle du 22 mars 1902.)

Le patron est responsable des accidents survenus à ses ouvriers pendant le travail. Il leur doit, suivant les cas, une **RENTE VIAGERE** ou une **INDEMNITÉ TEMPORAIRE**. Il peut traiter avec une compagnie d'assurances qui se substitue à lui, dans la limite autorisée par la loi. Les contestations entre patron ou compagnie d'assurances et ouvriers pour le règlement d'un accident de travail, sont réglées par une procédure rapide que tout ouvrier doit connaître.

I

RÉPARATIONS DUES EN CAS D'ACCIDENTS

.1. — D'après la loi du **9 avril 1898**, modifiée par celle du **22 mars 1902**, les **accidents du travail** donnent droit, aux ouvriers et employés occupés dans l'industrie du bâtiment, les usines, les **manufactures**, chantiers, mines, minières, carrières, à une indemnité, **à la charge du patron**, à la condition que l'incapacité de travail ait duré plus de **quatre jours.**

2. — La responsabilité s'étend aux exploitations dans lesquelles il est fait usage d'une autre force que celle de l'homme ou des animaux (1).

L'ouvrier employé a droit :

A une **rente** (2) des *deux tiers* de son *salaire annuel* pour incapacité complète et définitive, jusqu'à concurrence d'un salaire de 2.400 francs et réduite pour le surplus ;

A une **rente** égale à la *moitié de la réduction que l'accident a fait subir à son salaire*, en cas d'in-

(1) **Animaux** : L'exclusion dont la loi des responsabilités patronales en cas d'accidents fait bénéficier les patrons chez qui les machines sont mues par l'homme et les animaux, laisse ainsi à part et sans recours d'aucune sorte, les domestiques, les estivandiers et une foule d'autres travailleurs. Ce doit être un oubli qu'il faudrait réparer.

(2) **Rente** : Revenu annuel.

capacité partielle et définitive ; aux mêmes conditions que dans l'incapacité complète ;

A une **indemnité** *temporaire* de la *moitié de son salaire* si *l'incapacité temporaire* dure plus *de* **quatre** jours ;

3. — En cas de **décès** *à la suite de l'accident,* une **pension,** est servie :

Des **20** °/₀ du salaire au **conjoint** ;

Pour les **enfants** légitimes ou naturels, reconnus avant l'accident, et *âgés de moins de seize ans,* des **15** °/₀ de ce salaire, s'il n'y a *qu'un* enfant ; des **25** °/₀ s'il y en a *deux;* des **35** °/ s'il y en a *trois,* et des **40** °/₀ s'il y en a *quatre* ou un plus grand nombre ;

Pour les **père** et **mère,** la rente est portée, *pour chacun d'eux,* à **20** °/₀ du salaire.

4. — C'est le **chef d'entreprise** qui supporte les **frais médicaux et pharmaceutiques** et les **frais funéraires.** Ces derniers sont évalués à la somme de **100** francs au maximum.

La **victime** d'un accident *ou ses représentants* ont **un an** pour intenter une **action** (1).

5. — Le **chef d'entreprise** peut se décharger pendant les *trente, soixante* ou *quatre-vingt-dix* premiers jours à partir de l'accident, de l'obligation de payer aux victimes les **frais de maladie,** ou **l'indemnité temporaire** (2), *ou une partie de cette indemnité,* s'il a affilié ses ouvriers à une société de secours mutuels, et pris à sa charge une

____

(1) **Action** : Poursuite judiciaire.
(2) **Temporaire** : Qui ne doit durer qu'un certain temps.

quote-part de la cotisation déterminée d'avance pour s'exonérer de cette obligation.

Quand un accident atteint un apprenti, il est assimilé, pour le règlement de l'indemnité, à une **petite main**, c'est-à-dire à celui des ouvriers qui a le plus faible salaire.

II

ENQUÊTE SUR LES ACCIDENTS

Tout accident ayant occasionné une incapacité de travail doit être déclaré, dans les **quarante-huit** heures, par le chef de l'entreprise ou ses préposés, au maire de la commune qui en dresse procès-verbal.

Cette déclaration doit contenir les noms et adresses des témoins de l'accident. Il y est joint un certificat de médecin indiquant l'état de la victime, les suites probables de l'accident et l'époque à laquelle il sera possible d'en connaître le résultat définitif.

La même déclaration pourra être faite très utilement par la victime ou ses représentants. Nous recommandons aux intéressés cette précaution.

Récépissé (1) de la déclaration et du certificat du médecin est remis par le maire au déclarant.

Avis de l'accident est donné immédiatement par le maire à l'un des inspecteurs divisionnaire ou départemental du travail ou à l'ingénieur ordinaire chargé de la surveillance de l'entreprise.

---

(1) **Récépissé** : C'est un écrit par lequel on reconnaît qu'on a reçu des papiers, des pièces.

MODÈLE I

DÉCLARATION D'ACCIDENT DU TRAVAIL (a)
(Art. 11 de la loi du 9 avril 1898, modifié par la loi du 22 mars 1902)

(1) Indiquer les nom, prénoms, profession et adresse, soit du chef d'entreprise, s'il fait la déclaration lui-même, soit de son préposé en mentionnant son emploi dans l'entreprise, soit des représentants de la victime, en mentionnant à quel titre ils la représentent (père, mère, conjoint, enfant, mandataire, etc.).

Si la déclaration est faite par la victime elle-même, indiquer ici les renseignements prévus ci-après sous le n° 3.

(2) Indiquer la nature de l'établissement et son adresse, ainsi que le lieu précis où l'accident s'est produit.

(3) Indiquer les nom, prénoms, âge, sexe, profession et adresse de la victime.

(4) Spécifier l'engin, le travail, le fait qui a occasionné l'accident.

(5) Préciser la nature des blessures : fracture de la jambe, contusions, lésions internes, asphyxie, etc. Spécifier s'il y a eu décès.

(6) Indiquer les noms, professions et adresses.

(7) Titre et siège du syndicat de garantie, de la société mutuelle ou de la compagnie à primes fixes qui assure le chef d'entreprise. S'il n'y a pas d'assureur, le déclarer expressément.

Le soussigné, (1)
déclare à M. le maire de la commune de
canton d
arrondissement d
département d
conformément à l'article 11 de la loi du 9 avril 1898, modifié par la loi du 22 mars 1902, qu'un accident ayant occasionné une incapacité de travail est survenu le
à   heure

dans (2)

à (3)

L'accident a été occasionné par la cause matérielle (4) ci-après, dans les circonstances suivantes :

L'accident a produit les blessures suivantes : (5)

Les témoins de l'accident sont : (6)

Je déclare être assuré contre les accidents du travail par la société ci-après : (7)

Fait à   , le   190 .

Signature du déclarant.

(a) Cette déclaration doit être remise à la mairie par le chef d'entreprise ou son préposé dans les quarante-huit heures de l'accident, non compris les dimanches et jours fériés. Dans les quatre jours qui suivent l'accident, si la victime n'a pas repris son travail, le chef d'entreprise ou son préposé doit, en outre, déposer un certificat de médecin indiquant l'état de la victime, les suites probables de l'accident et l'époque à laquelle il sera possible d'en connaître le résultat définitif (Mod. IV).
Si la déclaration est faite par la victime ou ses ayants droit, le certificat médical doit être joint à la déclaration.

MODÈLE II

DÉPARTEMENT

d

ARRONDISSEMENT

CANTON

d

(1) Nom et prénoms.

(2) Nom et prénoms du déclarant.

(3) Nom, prénoms et adresse de la victime.

RÉPUBLIQUE FRANÇAISE

Mairie d

RÉCÉPISSÉ DE DÉCLARATION D'ACCIDENT DU TRAVAIL

(Art. 11 de la loi du 9 avril 1898, modifié par la loi du 22 mars 1902.

Nous soussigné, (1)
maire de la commune d
donnons récépissé à M. (2)

de la déclaration de l'accident survenu le
à (3)

qu'il a déposée ce jour à la mairie, à   heure
   Fait à   , le   190

(Signature)

Lorsque, d'après le **certificat médical**, la blessure paraît devoir entraîner la **mort** ou une **incapacité** permanente absolue ou partielle de travail, le maire transmet immédiatement une copie de la déclaration et le certificat médical au juge de paix du canton où l'accident s'est produit.

Celui-ci procède à une **enquête** sur la cause, la nature et les circonstances de l'accident, les personnes victimes et le lieu où elles se trouvent, la nature des lésions. Les ayants droit pouvant, le cas échéant, prétendre à une indemnité, il note le salaire quotidien et le salaire annuel des victimes.

L'enquête est **contradictoire** entre le patron et l'ouvrier ou ses ayants droit.

Le **juge de paix** doit se transporter auprès de la victime de l'accident qui se trouve dans l'impossibilité d'assister à l'enquête.

Lorsque le certificat médical ne lui paraîtra pas suffisant, le juge de paix pourra désigner un médecin pour examiner le blessé. De son côté, celui-ci fera bien de voir un médecin légiste (1). Si le **rapport** du médecin, désigné par le juge, et celui du médecin légiste ou de tout autre choisi par la victime étaient en désaccord : celui du premier concluant, par exemple, à une infirmité temporaire, et celui du second à une infirmité partielle ou totale permanente, la décision à rendre serait toujours déférée au tribunal civil.

Sauf les cas d'impossibilité matérielle dûment constatée dans le procès-verbal, l'enquête doit être

____

(1) **Médecin légiste** : Celui qui a mandat des juges pour faire des constatations de médecine légale.

close dans le plus bref délai, et au plus tard, dans les dix jours à partir de l'accident.

Le juge de paix avertit, par **lettre recommandée**, les parties de la **clôture de l'enquête** et du **dépôt** de la minute au greffe, où elles pourront, pendant un délai de cinq jours, en prendre connaissance et s'en faire délivrer une expédition affranchie du timbre et de l'enregistrement.

A l'expiration de ce délai de **cinq** jours, le dossier de l'enquête est transmis au tribunal civil de l'arrondissement, à moins que le certificat médical du médecin désigné par le juge ne conclue à la guérison, auquel cas le juge déclare dans son ordonnance qu'il n'y a pas lieu de saisir le tribunal civil. De là la nécessité pour le blessé de ne négliger **aucune expertise** médicale pouvant lui permettre de faire valoir les infirmités qui auraient pu être examinées à la légère, et sur la nature desquelles le médecin expert pourrait s'être trompé.

III

CONTESTATIONS

Les contestations entre les victimes des accidents et les chefs d'entreprise, relatives aux frais funéraires, aux frais de maladie et aux indemnités temporaires sont jugées en **dernier ressort** par le juge de paix.

En ce qui touche les autres indemnités prévues par la présente loi, le **président du tribunal de l'arrondissement** convoque, dans les cinq jours à partir de la transmission du dossier, la victime ou ses ayants droit et le chef de l'entreprise, qui peut se faire représenter.

S'il y a accord des parties intéressées, l'indemnité est définitivement fixée par l' **ordonnance du président.**

Si l'accord ne se conclut pas, l'affaire est renvoyée devant le tribunal, qui statue comme en matière sommaire, c'est-à-dire avec peu de formalités.

Si la cause n'est pas en état, le tribunal sursoit à statuer et l'indemnité temporaire continue à être servie jusqu'à la décision définitive.

Le tribunal pourra condamner le chef d'entreprise à payer une **provision** (1) ; sa décision sur ce point sera exécutoire nonobstant appel.

Les jugements ainsi rendus sont susceptibles d'appel suivant les règles du droit commun, mais cet appel devra être interjeté dans les quinze jours de la date du jugement, s'il est contradictoire et, s'il est par défaut, dans la quinzaine du jour où l'**opposition** (2) ne sera plus recevable.

L'action en indemnité se prescrit par un an à dater de l'accident.

La demande en révision de l'indemnité fondée sur une aggravation ou une atténuation de l'infirmité de la victime ou son décès par suite de l'accident, est ouverte pendant trois ans à dater de l'accord intervenu entre les parties ou de la décision définitive.

(1) **Provision** : Ce qui est accordé à un plaideur, en attendant le jugement définitif, et sans préjudice des droits des parties.

(2) **Opposition** : Action de se rendre opposant, suivant les formes judiciaires, à une sentence, à un arrêt.

Le **titre de pension** n'est remis à la victime qu'à l'expiration des trois ans.

Le bénéfice de l'**assistance judiciaire** (1) est accordé de plein droit, sur le visa du procureur de la République, à la victime de l'accident ou à ses ayants droit, devant le tribunal.

A cet effet, le président du tribunal adresse au procureur de la République, dans les trois jours de la comparution des parties, prévue par l'article 16, un extrait de son procès-verbal ; il y joint les pièces de l'affaire.

Le bénéfice de l'assistance judiciaire s'étend de plein droit aux instances devant le juge de paix, à tous les actes d'exécution mobilière et immobilière, à toute contestation incidente, ainsi qu'à l'exécution des décisions judiciaires.

IV

GARANTIE DE LA RENTE VIAGÈRE

L'indemnité en **rente viagère** (2) et en cas de **décès** peut être garantie par des sociétés constituées à cet effet, et recevant les souscriptions des ouvriers et des patrons.

Si les **Compagnies d'assurance** ou les patrons ne payent pas à des délais fixes les indemnités ou rentes viagères, à la Caisse nationale des retraites

(1) **Assistance judiciaire** : Autorisation de l'Etat à un plaideur pauvre de procéder gratuitement en justice.

(2) **Viagère** : Dont on ne peut disposer que pour la durée de sa vie.

se substitue à eux dans le payement à la victime, et exerce un **recours** contre les chefs d'entreprise débiteurs pour le compte desquels des sommes auront été avancées par elle sur un fonds spécial de garantie provenant d'une contribution de quatre centimes additionnels ajoutés au principal de la contribution des patentes.

Un **comité consultatif des assurances** contre les accidents du travail, créé par arrêté du 1er mars 1899, veille à l'exécution de la législation sur les accidents du travail.

Les **sociétés anonymes** d'assurances contre les accidents, françaises ou étrangères, à **primes fixes,** sont tenues à diverses garanties, notamment à la constitution préalable d'un cautionnement fixé par le ministre du Commerce sur l'avis du **comité consultatif.**

XXVIII

RÉGLEMENTATION
DU TRAVAIL DANS L'INDUSTRIE

En dehors des lois organiques du travail déjà citées, un certain nombre de mesures de prévoyance et de protection ont contribué à préserver la santé et la vie des ouvriers employés dans l'industrie.

La question des heures de travail a été reprise et étudiée dans le détail par les décrets des 3 mai 1893 et 22 mars 1902. Une règle minutieuse a déterminé dans quels emplois spéciaux les enfants, les filles mineures ou les femmes ne peuvent être employés pour causes physiques ou morales.

L'emploi des enfants dans les usines à feu continu, dans les mines, dans les travaux dangereux, dans les verreries, est devenu l'objet de prescriptions précises, comme aussi la location de sujets aux saltimbanques, interdite au-dessous de seize ans.

Il existe des prescriptions à l'égard du travail des femmes employées dans les magasins, boutiques, et de celui qui s'accomplit dans des industries spéciales, comme celles de la fabrication du vert Schweinfurt, et du blanc de céruse.

Un simple **décret-loi** du 9 septembre 1848 régissait le nombre d'heures de travail dans les manufactures et les usines, fixé à douze par journée.

Une loi nouvelle du **30 mars 1900** prononce la réduction à dix heures (voir pages 93 et 97).

Mais le **décret** du **28 mars 1902** comporte des exceptions à l'égard de la présente loi. Il reconnaît que les facultés d'augmentation de la journée du travail, accordées pour les enfants, les filles mineures et les femmes, en vertu de la loi du 2 novembre 1892, s'appliquent de plein droit aux ouvriers adultes employés dans les mêmes locaux.

Déjà, le décret du 3 mai 1893 sur le travail des enfants dans les **mines** avait décidé que la durée de leur journée, au-dessous de seize ans, dans les **galeries souterraines** des mines, minières et carrières, ne doit pas dépasser huit heures par poste et par vingt-quatre heures.

Il contenait également la réserve suivante :

« La durée du **travail effectif** des jeunes ouvriers de **seize** à **dix-huit** ans ne peut excéder **dix** heures par jour ni **cinquante-quatre** heures par semaine.

« Ne sont pas compris dans les durées précitées du travail effectif, le temps de la remonte et de la descente, ni celui employé à aller au chantier et à en venir, ni les **repos,** dont la durée totale ne pourra être inférieure à **une** heure. »

Le décret stipule que les enfants et les jeunes ouvriers peuvent être employés au **triage** et au chargement du minerai, à la manœuvre et au roulage des wagonnets, à la garde et à la manœuvre des ports d'aérage, à la manœuvre des ventilateurs à bras et aux autres travaux accessoires n'excédant pas leur force, et dans des conditions déterminées.

Le **décret** du **13 mai 1893** décide, sur les **travaux dangereux** pour les enfants, qu'il est interdit d'employer ceux-ci, **au-dessous de 18 ans,** ainsi que les filles mineures et les femmes, au graissage, au nettoyage, à la visite ou à la réparation des machines en marche.

Le même décret réduit à une demi-journée pour les enfants au-dessous de **16 ans** le temps de la **manœuvre** de certains appareils, comme les roues verticales. Il leur interdit tout emploi aux métiers « dits à la main », et aux scies à ruban.

Au-dessous de **13** ans, les enfants ne peuvent être employés à **recueillir** et à **souffler** le verre.

Au-dessus de 13 ans jusqu'à 16 ans, ils ne peuvent cueillir un poids de verre supérieur à **mille grammes.**

Le décret déjà cité interdit de **préposer** les enfants au-dessous de 16 ans au service des **robinets à vapeur,** de les employer à des travaux exécutés à l'aide **d'échafaudages volants** pour la réfection ou le nettoyage des maisons.

Il **interdit** également d'employer des filles au-dessous de 16 ans au travail des **machines à coudre** mues par des pédales.

C'est encore dans le décret du 13 mai 1893 que défense est faite « d'employer des enfants, des filles mineures ou des femmes à la **confection d'écrits,** d'imprimés, affiches, dessins, gravures, peintures, emblèmes, images ou autres objets dont la vente, l'offre, l'exposition, l'affichage ou la distribution **sont réprimés** par les lois pénales comme contraires aux bonnes mœurs.

« Il est également interdit d'occuper des enfants **au-dessous de 16** ans et des filles mineures dans les ateliers où se confectionnent les écrits, imprimés, affiches, gravures, peintures, emblèmes, images et autres objets qui, sans **tomber** sous l'action des **lois pénales,** sont cependant de nature à **blesser leur moralité.** »

Au décret est annexé un **tableau A** des **travaux, interdits** ou **autorisés** sous certaines conditions, dans les établissements où l'on emploie des enfants au-dessous de 18 ans, des filles mineures et des femmes.

Le **tableau B** contient la liste des travaux interdits aux enfants de **moins de 18 ans.**

Le **tableau C** énumère les établissements dans lesquels l'emploi des enfants au-dessous de 18 ans, des filles mineures et des femmes *est autorisé* sous **certaines conditions.**

TABLEAU A

(Annexé au décret du 13 mai 1893).

Travaux interdits aux enfants au-dessous de 18 ans, aux filles mineures et aux femmes.

TRAVAUX	RAISONS DE L'INTERDICTION
Acide arsénique (Fabrication de l') au moyen de l'acide arsénieux et de l'acide azotique....	Danger d'empoisonnement
Acide fluorhydrique (Fabrication de l')......	Vapeurs délétères.
Acide nitrique (Fabrication de l')..........	Idem.
Acide oxalique (Fabrication de l')..........	Danger d'empoisonnement Vapeurs délétères.
Acide picrique (Fabrication de l'.........	Émanations nuisibles.
Acide salicylique (Fabrication de l') au moyen de l'acide phénique..............	Idem.
Acide urique .(Voir Murexide.)	
Affinage des métaux au fourneau. (Voir Grillage des minerais.)	
Aniline. (Voir Nitrobenzine.)	
Arséniate de potasse (Fabrication de l') au moyen du salpêtre..............	Danger d'empoisonnement Vapeurs délétères.
Benzine (Dérivés de la). (Voir Nitrobenzine.)	
Blanc de plomb. (Voir Céruse.)	
Bleu de Prusse (Fabrication du). (Voir Cyanure de potassium.)	
Cendres d'orfèvre (Traitement de) par le plomb....................	Maladies spéciales dues aux émanations nuisibles.
Céruse ou blanc de plomb (Fabrication de la).	Idem.
Chairs, débris et issues (Dépôts de) provenant de l'abatage des animaux	Émanations nuisibles, danger d'infection.
Chlore (Fabrication du)............	Émanations nuisibles.
Chlorure de chaux (Fabrication du). ·.....	Idem.
Chlorures alcalins, eau de Javelle (Fabric. des).	Idem.
Chlorure de plomb (Fonderie de)........	Émanations nuisibles.
Chlorures de soufre (Fabrication des)......	Idem.
Chromate de potasse (Fabrication du).....	Maladies spéciales dues aux émanations.
Cristaux (Polissage à sec des)..........	Poussières dangereuses.
Cyanure de potassium et bleu de Prusse (Fabrication de)...............	Danger d'empoisonnement
Cyanure rouge de potassium ou prussiate rouge de potasse.	Idem.
Débris d'animaux (Dépôts de). (Voir chairs, etc.)	
Dentelles (Blanchissage à la céruse des)....	Poussières dangereuses.
Eau de Javelle (Fabrication d'). (Voir Chlorures alcalins.)	
Eau-forte. (Voir acide nitrique.)	
Effilochage et déchiquetage des chiffons. ...	Poussières nuisibles.

TABLEAU A

(Annexé au décret du 13 mai 1893.)

Travaux interdits aux enfants au-dessous de 18 ans, aux filles mineures et aux femmes.

(Suite et fin)

TRAVAUX	RAISONS DE L'INTERDICTION
Emaux (Grattage des) dans les fabriques de verre moussefine.	Poussières nuisibles.
Engrais (Dépôts et fabriques d') au moyen de matières animales.	Emanations nuisibles.
Equarrissage des animaux (Ateliers d').	Nature du travail. Emanations nuisibles.
Etamage des glaces par le mercure (Ateliers d')	Maladies spéciales dues aux émanations.
Fonte et laminage du plomb.	Idem.
Fulminate de mercure (Fabrication du)	Emanations nuisibles.
Glaces (Etamage des). (Voir étamage.)	
Grillage des minerais sulfureux (sauf le cas prévu au tableau C)	Idem.
Huiles et autres corps gras extraits des débris de matières animales.	Idem.
Litharge (Fabrication de la)	Maladies spéciales dues aux émanations.
Massicot (Fabrication du)	Idem.
Matières colorantes (Fabrication des) au moyen de l'aniline et de la nitrobenzine	Emanations nuisibles.
Métaux (Aiguisage et polissage des	Poussières dangereuses.
Meulières et meules (Extraction et fabric. des).	Idem.
Minium (Fabrication du).	Maladies spéciales dues aux émanations.
Murexide (Fabrication de la) en vases clos par la réaction de l'acide azotique et de l'acide urique du guano.	Vapeurs délétères.
Nitrate de méthyle (Fabrique de)	Idem.
Nitrobenzine, aniline et matières dérivant de la benzine (Fabrication de).	Vapeurs nuisibles.
Peaux de lièvre et de lapin. (Voir Secrétage.)	
Phosphore (Fabrication du)	Maladies spéciales dues aux émanations.
Plomb (Fonte et laminage du). (Voir Fonte.)	
Poils de lièvre et de lapin. (Voir Secrétage.)	
Prussiate de potasse. (V. Cyanure de potassium.)	
Rouge de Prusse et d'Angleterre.	Vapeurs délétères.
Secrétage des peaux ou poils de lièvre ou de lapin.	Poussières nuisibles ou vénéneuses.
Sulfate de mercure (Fabrication du)	Maladies spéciales dues aux émanations.
Sulfure d'arsenic (Fabrication du).	Danger d'empoisonnement
Sulfure de sodium (Fabrication du)	Gaz délétère.
Traitement des minerais de plomb, zinc et cuivre pour l'obtention des métaux bruts	Emanations nuisibles.
Verre (Polissage à sec du).	Poussières dangereuses.

TABLEAU B
Travaux interdits aux enfants au-dessous de 18 ans.

TRAVAUX	RAISONS DE L'INTERDICTION
Amorces fulminantes (Fabrication des).	Nécessité d'un travail prudent et attentif.
Amorces fulminantes pour pistolets d'enfants (Fabrication d')	Idem.
Artifices (Fabrication de pièces d').	Idem.
Cartouches de guerre (Fabriques et dépôts de).	Idem.
Celluloïd et produits nitrés analogues (Fabr. de)	Idem.
Chiens (Infirmerie de)	Danger de morsures.
Chrysalides (Extraction des parties soyeuses des)	Emanations nuisibles.
Dynamite (Fabriques et dépôts de).	Nécessité d'un travail prudent et attentif.
Etoupilles (Fabrication d') avec matières explosives	Idem.
Poudre de mine comprimée (Fabrique de cartouches de)	Idem.

Le décret du 13 mai 1893 tolère **sept heures et demie** de travail par vingt-quatre heures, pour les femmes et les filles majeures, aux roues verticales ou aux métiers dits « à la main », dans les industries suivantes : Amidon de maïs (femmes) ; imprimés, journaux, allumage des lampes de mines, (femmes et filles majeures).

TABLEAU C

Etablissements dans lesquels l'emploi des enfants au-dessous de 18 ans, des filles mineures et des femmes est autorisé sous certaines conditions.

ETABLISSEMENTS	CONDITIONS	MOTIFS
Abattoirs publics et annexes.	Les enfants au-dessous de 16 ans ne seront pas employés dans les abattoirs et annexes	Dangers d'accidents et de blessures.
Albâtre (Sciage et polissage à sec de l'). .	Les enfants au-dessous de 18 ans, ne seront pas employés lorsque les poussières se dégageront librement dans les ateliers.	Poussières nuisibles.
Acide chlorhydrique (Production de l') par la décomposition des chlorures de magnésium, d'aluminium et autres.	Les enfants au-dessous de 18 ans, les filles mineures et femmes ne seront pas employés dans les ateliers où se dégagent des vapeurs et où l'on manipule les acides.	Dangers d'accidents.
Acide muriatique. (Voir Acide chlorhydrique.)		
Acide sulfurique (Fabrication de l'). . . .	Idem	Dangers d'accidents.
Affinage de l'or et de l'argent par les acides	Idem	Idem.
Allumettes chimiques (Dépôts d')	Les enfants au-dessous de 16 ans ne seront pas employés dans les magasins.	Dangers d'incendie.
Allumettes chimiques (Fabrication des) . .	Les enfants au-dessous de 18 ans ne seront pas employés à la fusion des pâtes et au trempage	Maladies spéciales dues aux émanations.

TABLEAU C (Suite)

ÉTABLISSEMENTS	CONDITIONS	MOTIFS
Argenture sur métaux. (Voir Dorure et argenture.)		
Battage, cardage et épuration des laines, crins et plumes	Les enfants au-dessous de 18 ans ne seront pas employés dans les ateliers où se dégagent des poussières	Poussières nuisibles.
Battage des tapis en grand	Idem	Idem.
Battoir à écorces dans les villes.	Idem	Idem.
Benzine (Fabrication et dépôt de). (Voir Huile de pétrole, de schiste, etc.)		
Blanc de zinc (Fabrication de) par la combustion du métal	Les enfants au-dessous de 18 ans ne seront pas employés dans les ateliers de combustion et de condensation	Vapeurs nuisibles.
Blanchiment (toile, paille, papier)	Les enfants au-dessous de 18 ans, les filles mineures et les femmes ne seront pas employés dans les ateliers où se dégagent le chlore et l'acide sulfureux. . . .	Idem.
Boîtes de conserves (Soudure des).	Les enfants au-dessous de 16 ans ne seront pas employés à la soudure des boîtes . .	Gaz délétères.
Boulonniers et autres emboutisseurs de métaux par moyens mécaniques.	Les enfants au-dessous de 18 ans ne seront pas employés dans les ateliers où se dégagent des poussières.	Poussières nuisibles.
Boyauderies	Les enfants au-dessous de 18 ans, les filles mineures et les femmes ne seront pas employés au soufflage	Danger d'affections pulmonaires.
Caoutchouc (Application des enduits du). .	Les enfants au-dessous de 18 ans, les filles mineures et les femmes ne seront pas employés dans les ateliers où se dégagent les vapeurs de sulfure de carbone et de benzine	Vapeurs nuisibles.

TABLEAU C (Suite)

ETABLISSEMENTS	CONDITIONS	MOTIF
Caoutchouc (Travail du) avec emploi d'huiles essentielles ou du sulfure de carbone.	Les enfants au-dessous de 18 ans, les filles mineures et les femmes ne seront pas employés dans les ateliers où se dégagent les vapeurs de sulfure de carbone.	Vapeurs nuisibles.
Cardage des laines, etc. (Voir Battage.)		
Chanvre (Teillage du) en grand. (Voir Teillage.)		
Chanvre imperméable. Voir Feutre goudronné.)		
Chapeaux de feutre (Fabrication de . . .	Les enfants au-dessous de 18 ans ne seront pas employés lorsque les poussières se dégageront librement dans les ateliers.	Poussières nuisibles.
Chapeaux de soie ou autres préparés au moyen d'un vernis (Fabrication de . . .	Les enfants au-dessous de 18 ans ne seront pas employés dans les ateliers où l'on fabrique et applique le vernis.	
Chaux (Fours à).	Les enfants au-dessous de 18 ans ne seront pas employés dans les ateliers où se dégagent les poussières	Vapeurs nuisibles.
Chiffons (Dépôts de).	Les enfants au-dessous de 18 ans ne seront pas employés au triage et à la manipulation des chiffons.	Poussières nuisibles.
Chiffons (Traitement des) par la vapeur de l'acide chlorhydrique	Les enfants au-dessous de 18 ans, filles mineures et femmes ne seront pas employés dans les ateliers ou se dégagent les acides.	Idem.

TABLEAU C (Suite)

ÉTABLISSEMENTS	CONDITIONS	MOTIFS
Chromolithographies	Les enfants au-dessous de 16 ans ne seront pas employés au bronzage à la machine.	Vapeurs nuisibles.
Ciment (Fours à)	Les enfants au-dessous de 18 ans ne seront pas employés dans les ateliers où se dégagent des poussières.	Poussières nuisibles.
Collodion (Fabrication du)	Les enfants au-dessous de 16 ans ne seront pas occupés dans les ateliers où l'on manipule les matières premières et les dissolvants.	Danger d'incendie.
Cotons et cotons gras (Blanchisserie des déchets de).	Les enfants au-dessous de 18 ans, filles mineures et femmes ne seront pas employés dans les ateliers où l'on manipule le sulfure de carbone.	Vapeurs nuisibles.
Cordes d'instruments en boyaux. (Voir Boyauderies.)		
Corne, os et nacre (Travail à sec des). . .	Les enfants au-dessous de 18 ans ne seront pas employés lorsque les poussières se dégageront librement dans les ateliers.	Poussières nuisibles.
Crins (Teinture des). (Voir Teintureries.)		
Crins et soies de porc. (Voir Soies de porc.)		
Cuir verni (Fabrication de). (V. Feutre et visières vernies.)		
Cuivre (Trituration des composés du) . . .	Les enfants au-dessous de 18 ans ne seront pas employés dans les ateliers où les poussières se dégagent librement	Poussières nuisibles.
Cuivre (Dérochage du) par les acides . . .	Les enfants au-dessous de 18 ans, filles mineures et femmes ne seront pas employés dans les ateliers où se dégagent les vapeurs acides.	Vapeurs nuisibles.

TABLEAU C (Suite)

ÉTALISSEMENTS	CONDITIONS	MOTIFS
Déchets de laine (Dégraissage des). (Voir Peaux, étoffes, etc.)		
Déchets de soie (Cardage des)	Les enfants au-dessous de 18 ans ne seront pas employés dans les ateliers où les poussières se dégagent librement . .	Poussières nuisibles.
Dorure et argenture.	Les enfants au-dessous de 18 ans, filles mineures et femmes ne seront pas employés dans les ateliers où se produisent des vapeurs acides ou mercurielles . . .	Emanations nuisibles.
Eaux grasses (Extraction pour la fabrication des savons et autres usages des huiles contenues dans les).	Les enfants au-dessous de 18 ans, filles mineures et femmes ne seront pas employés dans les ateliers où l'on emploie le sulfure de carbone	Idem.
Ecorces (Battoir à). (Voir Battoir.)		
Email (Application de l') sur les métaux .	Les enfants au-dessous de 18 ans, les filles mineures et les femmes ne seront pas employés dans les ateliers où l'on broie et brûle les matières	Emanations nuisibles.
Emaux (Fabrication d') avec fours non fumivores.	Idem	Idem.
Epaillage des laines et draps par la voie humide	Les enfants au-dessous de 18 ans, filles mineures et femmes ne seront pas employés dans les ateliers où se dégagent des vapeurs acides.	Idem.

TABLEAU C (SUITE)

ÉTABLISSEMENTS	CONDITIONS	MOTIFS
Etoupes (Transformation en) des cordages hors de service, goudronnés ou non . .	Les enfants au-dessous de 18 ans ne seront pas employés lorsque les poussières se dégagent librement dans les ateliers . .	Poussières nuisibles.
Faïence (Fabrique de).	Les enfants au-dessous de 18 ans ne seront pas employés dans les ateliers où l'on pratique le broyage, le blutage	Idem.
Fer (Dérochage du).	Les enfants au-dessous de 18 ans, filles mineures et femmes ne seront pas employés dans les ateliers où se dégagent des vapeurs et où l'on manipule des acides. . .	Vapeurs nuisibles.
Fer (Galvanisation du)	Idem	Idem.
Feuilles d'étain	Les enfants au-dessous de 16 ans ne seront pas employés au bronzage à la main des feuilles	Poussières nuisibles.
Feutre goudronné (Fabrication du)	Les enfants au-dessous de 18 ans ne seront pas employés lorsque les poussières se dégagent librement dans les ateliers . .	Idem.
Feutre et visières vernies (Fabrication de).	Les enfants au-dessous de 18 ans ne seront pas employés à la préparation et à l'emploi des vernis	Danger d'incendie et vapeurs nuisibles.
Filature de lin	Les enfants au-dessous de 18 ans, les filles mineures et les femmes ne seront pas employés lorsque l'écoulement des eaux ne sera pas assuré.	Humidité nuisible.
Fonderies en 2ᵉ fusion de fer, de zinc et de cuivre	Les enfants au-dessous de 16 ans ne seront pas employés à la coulée du métal . . .	Danger de brûlures.
Fourneaux (Hauts)	Idem	Idem.

TABLEAU C (SUITE)

ETABLISSEMENTS	CONDITIONS	MOTIFS
Fours à plâtre et fours à chaux. (Voir Plâtre, Chaux).		
Grès (extraction et piquage des)	Les enfants au-dessous de 18 ans ne seront pas employés lorsque les poussières se dégageront librement dans les ateliers .	Poussières nuisibles.
Grillage des minerais sulfureux quand les gaz sont condensés et que le minerai ne renferme pas d'arsenic	Les enfants au-dessous de 18 ans, les filles mineures et les femmes ne seront pas employés dans les ateliers où l'on produit le grillage	Emanations nuisibles.
Grillage et gazage des tissus	Les enfants au-dessous de 18 ans, les filles mineures et les femmes ne seront pas employés lorsque les produits de combustion se dégageront librement dans les ateliers	Idem.
Hauts fourneaux. (Voir Fonderies.)		
Huiles de pétrole, de schiste et de goudron, essences et autres hydrocarbures employés pour l'éclairage, le chauffage, la fabrication des couleurs et vernis, le dégraissage des étoffes et autres usages (Fabric. distillation, travail en grand d').	Les enfants au-dessous de 16 ans ne seront pas employés dans les ateliers de distillation et dans les magasins	Danger d'incendie
Huiles essentielles ou essences de térébenthine, d'aspic et autres. (Voir Huiles de pétrole, de schiste, etc.)		

TABLEAU C (Suite)

ÉTABLISSEMENTS	CONDITIONS	MOTIFS
Huiles extraites des schistes bitumineux. (Voir Huiles de pétrole, de schiste, etc.) Jute (Teillage du). (V. Teillage.) Liéges (Usines pour la trituration du). . .	Les enfants au-dessous de 18 ans ne seront pas employés dans les ateliers où les poussières se dégagent librement	Poussières nuisibles.
Lin (Teillage en grand du). (Voir Teillage.) Liquides pour l'éclairage (Dépôts de) au moyen de l'alcool et des huiles essentielles	Les enfants au-dessous de 15 ans ne seront pas employés dans les magasins.	Danger d'incendie.
Marbres (Sciage ou polissage à sec des). .	Les enfants au-dessous de 18 ans ne seront pas employés lorsque les poussières se dégageront librement dans les ateliers .	Poussières nuisibles.
Matières minérales (Broyage à sec des). .	Idem	Idem.
Mégisseries	Les enfants au-dessous de 18 ans, les filles mineures et les femmes ne seront pas employés à l'épilage des peaux	Danger d'empoisonnement.
Ménageries	Les enfants au-dessous de 18 ans ne seront pas employés quand la ménagerie renferme des bêtes féroces ou venimeuses. .	Danger d'accidents.
Moulins à broyer le plâtre, la chaux, les cailloux et les pouzzolanes.	Les enfants au-dessous de 18 ans ne seront pas employés quand les poussières se dégageront librement des ateliers.	Poussières nuisibles.
Nitrates métalliques obtenus par l'action directe des acides (Fabrication des) . . .	Les enfants au-dessous de 18 ans, filles mineures et femmes ne seront pas employés dans les ateliers où se dégagent les vapeurs et où se manipulent les acides	Vapeurs nuisibles

TABLEAU C (Suite)

ETABLISSEMENTS	CONDITIONS	MOTIFS
Noir minéral (Fabrication du) par le broyage des résidus de la distillation des schistes bitumineux.	Les enfants au-dessous de 18 ans ne seront pas employés lorsque les poussières se dégageront librement dans les ateliers. .	Poussières nuisibles.
Olives (Tourteaux d'). (Voir Tourteaux.)		
Ouates (Fabrication des)	Idem.	Idem.
Papier (Fabrication du).	Les enfants au-des s de 18 ans ne seront pas employés riage et à la préparation des chiffon	Idem.
Papiers peints. (Voir Toiles peintes.)		
Peaux, étoffes et déchets de laine (Dégraissage des) par les huiles de pétrole et autres hydrocarbures	Les enfants au-dessous de 18 ans ne seront pas employés dans les ateliers où l'on traite par les dissolvants, où l'on trie, coupe et manipule les déchets.	Danger d'incendie ; poussières nuisibles.
Peaux (Lustrage et apprêtage des)	Les enfants au-dessous de 18 ans ne seront pas employés lorsque les poussières se dégageront librement dans les ateliers.	Poussières nuisibles.
Peaux de lapin ou de lièvre (Ejarrage et coupage des poils de).	Idem.	Idem.
Pétrole. (Voir Huiles de pétrole, etc.)		
Pierre (Sciage et polissage de la).	Idem.	Idem.

TABLEAU C (Suite)

ÉTABLISSEMENTS	CONDITIONS	MOTIFS
Pileries mécaniques de drogues.	Les enfants au-dessous de 18 ans ne seront pas employés lorsque les poussières se dégageront librement dans les ateliers.	Poussières nuisibles.
Pipes à fumer (Fabrication des).	Idem.	Idem.
Plâtres (Fours à)	Idem.	Idem.
Poëliers, fournalistes, poëles et fourneaux en faïence et terre cuite. (Voir Faïence.)		
Porcelaine (Fabrication de la).	Les enfants au-dessous de 18 ans ne seront pas employés lorsque les poussières se dégageront librement dans les ateliers.	Poussières nuisibles.
Poteries de terre (Fabrication de) avec fours non fumivores.	Idem.	Idem.
Pouzzolane artificielle (Fours à).	Idem.	Idem.
Réfrigération (Appareils de) par l'acide sulfureux	Les enfants au-dessous de 18 ans, les filles mineures et les femmes ne seront pas employés dans les ateliers où se dégagent les vapeurs acides.	Emanations nuisibles.
Sel de soude (Fabrication du) avec le sulfate de soude	Idem.	Idem.
Sinapismes (Fabrication des) à l'aide des hydrocarbures.	Les enfants au-dessous de 18 ans, les filles mineures et les femmes ne seront pas employés dans les ateliers où se manipulent les dissolvants.	Vapeurs nuisibles; danger d'incendie.
Soies de porc (Préparation des).	Les enfants au-dessous de 18 ans ne seront pas employés lorsque les poussières se dégageront librement dans les ateliers.	Poussières nuisibles.
Soude. (Voir Sulfate de soude.)		

₵ TABLEAU C (Suite)

ETABLISSEMENTS	CONDITIONS	MOTIFS
Soufre (Pulvérisage et blutage du)	*Idem.*	Poussières nuisibles.
Sulfate de peroxyde de fer (Fabrication du) par le sulfate de protoxyde de fer et l'acide nitrique (nitro-sulfate de fer). . .	Les enfants au-dessous de 18 ans, les filles mineures et les femmes ne seront pas employés dans les ateliers où se dégagent les vapeurs acides.	Vapeurs nuisibles.
Sulfate de protoxyde de fer ou couperose verte par l'action de l'acide sulfurique sur la ferraille	*Idem*	*Idem.*
Sulfate de soude (Fabrication du) par la décomposition du sel marin par l'acide sulfurique.	*Idem*	*Idem.*
Sulfure de carbone (Fabrication du). . . .	Les enfants au-dessous de 18 ans ne seront pas employés dans les ateliers où se dégagent des vapeurs nuisibles	Vapeurs délétères; danger d'incendie.
Sulfure de carbone (Manufactures dans lesquelles on emploie en grand le). . . .	*Idem.*	*Idem.*
Sulfure de carbone (Dépôts de) . . . . : . .	*Idem.*	*Idem.*
Superphosphate de chaux et de potasse (Fabrication du).	Les enfants au-dessous de 18 ans, les filles mineures et les femmes ne seront pas employés dans les ateliers où se dégagent des vapeurs acides et des poussières.	Emanations nuisibles.

ÉTABLISSEMENTS	CONDITIONS	MOTIFS
Tabacs (Manufactures de).	Les enfants au-dessous de 16 ans ne seront pas employés dans les ateliers où l'on démolit les masses	Émanations nuisibles.
Taffetas et toiles vernis ou cirés (Fabrication de).	Les enfants au-dessous de 16 ans ne seront pas employés dans les ateliers où l'on prépare et applique les vernis.	Danger d'incendie.
Tan (Moulins à.	Les enfants au-dessous de 18 ans ne seront pas employés quand les poussières se dégagent librement dans les ateliers. . . .	Poussières nuisibles.
Tanneries.	Idem	Idem.
Tap's (Battage en grand des). Voir Battage.		
Teillage du lin, du chanvre et du jute en grand'.	Idem	Idem.
Teintureries.	Les enfants au-dessous de 18 ans, les filles mineures et les femmes ne seront pas employés dans les ateliers où l'on emploie des matières toxiques	Idem.
Térébenthine (Distillation et travail en grand de la). (Voir Huiles de pétrole, de schiste, etc.)		
Toiles cirées. (Voir Taffetas et toiles vernis.)		
Toiles peintes (Fabrique de).	Idem	Danger d'empoisonnement.
Toiles vernies (Fabrique de). (Voir Taffetas et toiles vernis.)		

TABLEAU C (Fin)

ETABLISSEMENTS	CONDITIONS	MOTIFS
Tourteaux d'olives (Traitement des) par le sulfure de carbone . . . . , . . .	Les enfants au-dessous de 18 ans, les filles mineures et les femmes ne seront pas employés dans les ateliers où l'on manipule le sulfure de carbone.	Emanations nuisibles.
Tôles et métaux vernis	Les enfants au-dessous de 18 ans, les filles mineures et les femmes ne seront pas employés dans les ateliers où l'on emploie des matières toxiques	Danger d'empoisonnement.
Vernis à l'esprit de vin (Fabrique de). . .	Les enfants au-dessous de 16 ans ne seront pas employés dans les ateliers où l'on prépare et manipule les vernis	Danger d'incendie.
Vernis (Ateliers où l'on applique le' sur les cuirs, feutres, taffetas, toiles, chapeaux. (Voir ces mots.) Verreries, cristalleries et manufactures de glaces.	Les enfants au-dessous de 18 ans, les filles mineures et les femmes ne seront pas employés dans les ateliers où les poussières se dégagent librement et où il est fait usage de matières toxiques	Poussières nuisibles.
Vessies nettoyées et débarrassées de toute substance membraneuse (Atelier pour le gonflement et le séchage des)	Les enfants au-dessous de 18 ans, les filles mineures et les femmes ne seront pas employés au travail du soufflage	Danger d'affections pulmonaires.
Visières vernies (Fabrique de . (Voir Feutres et visières.)		

Le décret du 15 juillet 1893 prévoit d'autres **tolérances** et d'autres **exceptions** à la loi du 2 novembre 1892.

Il permet que, « dans les usines à feu continu, les femmes majeures et les enfants du sexe masculin soient employés **tous les jours** de la semaine, la nuit, au travail indispensable, sous la condition qu'ils auront au moins un jour de repos par semaine ».

Les travaux tolérés pour ces deux catégories de travailleurs sont indiqués dans le tableau ci-après (p. 130).

La législation a également réglé les tolérances suivantes pour un certain nombre d'industries :

Tableau des tolérances temporaires pour les heures de travail des femmes et des filles dans certaines industries

INDUSTRIES	DURÉE DES DÉROGATIONS
Beurreries non annexées à une ferme ou à un groupe de fermes réunies par un lien corporatif	60 jours.
Colles et gélatines (fabrication de)	60 jours.
Confiserie	90 jours.
Conserves alimentaires de fruits et légumes	90 jours.
Conserves de poisson	90 jours.
Délainage des peaux de mouton	10 jours.
Parfums des fleurs (extraction de)	90 jours.
Pâtes alimentaires et fabriques de biscuits n'employant que le beurre frais	30 jours.
Réparations urgentes de navires et de machines motrices	120 jours (enfants au-dessous de 16 ans).
Tonnellerie pour l'embouillage des produits de pêche	90 jours.

TRAVAUX TOLÉRÉS LA NUIT DANS LES USINES A FEU CONTINU
pour les femmes majeures et les enfants du sexe masculin

USINES A FEU CONTINU	TRAVAILLEURS	TRAVAUX TOLÉRÉS
Distilleries de betteraves . .	Enfants et femmes .	Laver, peser, trier la betterave, manœuvrer des robinets à jus et a eau, aider aux batteries de diffusion et aux appareils distillatoires.
Fer et fonte émaillée (Fabriques d'objets en)	Enfants.	Manœuvrer à distance les portes des fours.
Huiles. (Usines pour l'extraction des	Idem	Remplir les sacs, les secouer après pressage, porter les sacs vides et les claies.
Papeteries	Enfants et femmes.	Aider les surveillants de machines, couper, trier, ranger, rouler et apprêter le papier.
Sucres (Fabriques et raffineries de) . . . . : . . .	Idem	Laver, peser, trier la betterave, manœuvrer les robinets à jus et a eau, surveiller les filtres, aider aux batteries de diffusion, coudre des toiles, laver des appareils et des ateliers, travailler le sucre en tablettes.
Usines métallurgiques	Enfants.	Aider à la préparation des lits de fusion, aux travaux accessoires d'affinage, de laminage, de martelage et de treillage, de préparation des moules pour objets de fonte moulée, de rangement des paquets, des feuilles, des tubes et des fils.
Verreries , ...	Enfants.	Présenter les outils, faire les premiers cueillages, aider au soufflage et au moulage, porter dans les fours à recuire, en retirer les objets, le tout dans les conditions prévues à l'article 7 du décret du 13 mai 1893.
	Femmes	Trier et ranger les bouteilles.

D'autres prescriptions importantes de la législation protègent encore les travaux des femmes, des filles mineures et des enfants.

Signalons d'abord la **loi 7 décembre 1874** relative à la protection des enfants employés dans les **professions ambulantes.** Elle défend de faire exécuter à ceux-ci, au-dessous de seize ans, des tours de force ou des exercices de dislocation.

Elle interdit également de **livrer** pour de **l'argent** ou autrement ses propres enfants au-dessous de seize ans, aux **saltimbanques.**

Défense est faite d'employer des enfants âgés de moins de **seize** ans à la **mendicité** habituelle.

Tout individu exerçant une profession ambulante devra être porteur de **l'extrait** de naissance des enfants placés sous sa conduite.

La **loi** du **29 décembre 1900** fixe les conditions du travail des femmes employées dans les **magasins,** boutiques et autres locaux en dépendant. Elle exige que ces divers établissements soient « dans chaque salle, munis d'un nombre de **sièges** égal à celui des femmes qui y sont employées ».

En dehors des actes officiels énumérés dans ce chapitre, et des divers documents législatifs que nous avions étudiés précédemment, quelques autres mesures de protection du travail dans l'industrie ont été édictées. Il en faut citer deux : le décret du 29 juin 1895 réglementant le travail dans les fabriques de **vert Schweinfurth,** qui prescrit des mesures rigoureuses de prudence et des précautions d'hygiène, pour la fabrication de ce produit dangereux ; et le décret du 18 juillet 1902, réglementant l'emploi du **blanc de céruse** (1) dans l'industrie et la peinture en bâtiment, dans lequel on trouve les décisions qui suivent :

« ARTICLE PREMIER. — La céruse ne peut être employée qu'à l'état de pâte dans les ateliers de peinture en bâtiment.

« ART. 2. — Il est interdit d'employer directement avec la main les produits à base de céruse dans les travaux de peinture en bâtiment. »

Nous avons ainsi terminé notre rapide examen de la réglementation du travail. Il nous reste maintenant à voir quelle autorité administrative est chargée d'en assurer l'exécution. Nous sommes donc conduits à parler de l'inspection du travail.

XXIX

L'INSPECTION DU TRAVAIL

Les inspecteurs du travail ont pour mission de surveiller l'application des lois ouvrières dans le monde de l'industrie, et de dresser des contraventions aux infractions qui y sont commises.

Toutefois, pour ce qui est de la législation sur les acci-

(1) **Blanc de céruse** : Carbonate de plomb.

dents du travail, ils ne sont chargés que d'en tenir état et d'en dresser la statistique.

Le décret du 10 mai 1902 a organisé le service de l'inspection du travail.

Il a institué 110 inspecteurs ou inspectrices départementaux et 11 inspecteurs divisionnaires.

L'article 2 du décret délimite les circonscriptions attribuées aux inspecteurs divisionnaires, désigne le lieu de leurs résidences, donne l'indication du département ou des départements inspectés par les inspecteurs ou inspectrices départementaux, les lieux de résidence de ces inspecteurs ou inspectrices dont est formé le tableau suivant. (*Voir p. 135, 136*).

Les inspecteurs départementaux du travail sont chargés de s'assurer que l'ouvrage s'effectue, dans les établissement industriels soumis à leur influence suivant des conditions conformes aux lois et règlements du travail. Ils veillent à l'application de toute prescription légale visant l'industrie. Une seule loi n'est pas de leur compétence, celle du 9 avril 1898, sur les accidents.

Et encore l'article 25 de cette loi, dit-il :

« Avis de l'accident, dans les formes réglées par décret, est donné immédiatement par le maire à l'inspecteur départemental du travail, ou à l'ingénieur ordinaire des mines, chargé de la surveillance de l'entreprise. »

Le service de l'inspection du travail est chargé de

la statistique générale (1) des accidents du travail.

Les inspecteurs constituent pour les ouvriers d'excellents conseillers, capables de défendre leurs intérêts et de les éclairer sur leur situatio.. professionnelle dans les cas litigieux.

Le nom et l'adresse de l'inspecteur du travail sont affichés dans tous les ateliers et dans toutes les usines de sa circonscription.

L'inspecteur du travail est en relations avec les syndicats. Ceux-ci sont qualifiés pour lui écrire, et il doit leur répondre.

Les inspecteurs divisionnaires assurent le bon fonctionnement de l'inspection départementale, en dirigeant le personnel chargé de ce service, dans le rayon de leur influence administrative.

Les inspecteurs du travail acceptent assez fréquemment d'avoir des **permanences** dans les Bourses du Travail et de donner des conférences sur les lois et l'organisation ouvrière aux ouvriers syndiqués, et aussi aux ouvriers non syndiqués.

Il y a beaucoup à attendre de leur dévouement au sujet de l'éducation économique de l'ouvrier pour lequel, sans préparation préalable, les réformes les meilleures resteront stériles.

Ils seront secondés par l'initiative privée. Elle a formé un vaste groupement dont nous allons. nous occuper et qui se propose pour but d'assurer les droits des travailleurs.

____

(1) **Statistique** : Science qui dénombre les faits pour en tirer les conséquences.

Tableau des circonscriptions régionales de l'Inspection du Travail

CIRCONSCRIPTIONS	DÉPARTEMENTS	NOMBRE DES INSPECTEURS et inspectrices départementaux	RÉSIDENCES DES INSPECTEURS départementaux	RÉSIDENCES des INSPECTEURS divisionnaires
1re	Seine	14 inspecteurs	Paris	Paris.
	Seine-et-Oise, Seine-et-Marne	11 inspectrices / 2 inspecteurs		
2e	Loiret, Cher et Loir-et-Cher	Idem	Orléans, Bourges	Limoges.
	Indre-et-Loire	1 inspecteur	Tours	
	Indre, Vienne	Idem	Poitiers	
	Haute-Vienne	Idem	Limoges	
	Allier, Creuse	Idem	Montluçon	
	Yonne, Nièvre	Idem	Nevers	
3e	Aube, Haute-Marne, Côte-d'Or, Haute-Saône, Territoire de Belfort, Doubs, Jura et Saône-et-Loire	5 inspecteurs	Troyes, Dijon, Belfort, Besançon, Chalon-sur-Saône	Dijon.
4e	Aisne, Ardennes, Marne, Meuse, Meurthe-et-Moselle et Vosges	8 inspecteurs	Saint-Quentin, Reims, Mézières, Bar-le-Duc, Nancy, Épinal	Nancy.
5e	Nord, Pas-de-Calais et Somme	13 inspecteurs / 1 inspectrice	Lille, Roubaix, Tourcoing, Valenciennes, Avesnes, Cambrai, Douai, Dunkerque, Calais, Boulogne, Arras et Amiens	Lille.
6e	Oise, Seine-Inférieure, Eure, Eure-et-Loir, Orne, Calvados et Manche	7 inspecteurs / 1 inspectrice	Creil, Beauvais, Rouen, le Havre, Elbeuf, Chartres, Caen	Rouen.
	Ille-et-Vilaine, Côtes-du-Nord	1 inspecteur	Rennes	
	Sarthe, Mayenne	Idem	Le Mans	

Tableau des circonscriptions régionales de l'Inspection du Travail (SUITE ET FIN)

CIRCONSCRIPTION	DÉPARTEMENTS	NOMBRE DES INSPECTEURS et inspectrices départementaux	RÉSIDENCES DES INSPECTEURS départementaux	RÉSIDENCES des INSPECTEURS divisionnaires
7e	Loire-Inférieure et Vendée	2 inspecteurs	Nantes	Nantes.
8e	Maine-et-Loire, Deux-Sèvres	1 inspectrice	Angers	Bordeaux.
	Finistère, Morbihan	1 inspecteur	Lorient	
	Charente-Inférieure, Gironde	Idem	Bordeaux	
	Lot-et-Garonne, Landes, Gers, Basses-Pyrénées, et Hautes-Pyrénées	2 inspecteurs Idem	Agen, Pau	
9e	Charente, Dordogne, Corrèze et Lot	Idem	Angoulême, Cahors	Toulouse.
	Aude, Pyrénées-Orientales	1 inspecteur	Carcassonne	
	Hérault	Idem	Montpellier	
	Aveyron, Cantal, Lozère	Idem	Rodez	
	Tarn	Idem	Castres	
	Haute-Garonne, Tarn-et-Garonne, Ariège	2 inspecteurs	Toulouse	
10e	Bouches-du-Rhône, Var, Alpes-Maritimes et Corse	4 inspecteurs 1 inspectrice	Marseille, Nice	Marseille.
	Vaucluse, Basses-Alpes	1 inspecteur	Avignon	
	Drôme, Hautes-Alpes	Idem	Valence	
	Gard	Idem	Nimes	
	Ardèche	Idem	Privas	
11e	Rhône, Isère et Ain	4 inspecteurs 1 inspectrice	Lyon, Grenoble	Lyon.
	Haute-Savoie et Savoie	1 inspecteur	Chambéry	
	Puy-de-Dôme, Loire et Haute-Loire	4 inspecteurs	Saint-Étienne, Roanne, Clermont-Ferrand	

XXX

ASSOCIATION NATIONALE FRANÇAISE POUR LA PROTECTION LÉGALE DES TRAVAILLEURS

Les travailleurs ont besoin d'être initiés à leurs droits, à leurs devoirs, afin de savoir en assurer l'exercice en toute indépendance.

Ils doivent s'organiser pour le progrès, par les efforts particuliers et l'initiative privée.

Tout homme de bonne volonté, tout groupement d'énergie bienfaisante, ont leur place marquée dans ce mouvement.

C'est pourquoi l'Association nationale française pour la protection des travailleurs, complétant l'effort de la loi et visant à la rendre meilleure, est une institution d'une haute portée sociale.

L'Association nationale française pour la protection des travailleurs cherche à grouper tous les Français désireux de coopérer (1) à l'œuvre de l'Association internationale pour la protection légale des travailleurs, créée à Paris le 28 juillet 1900, et s'emploie en même temps à faciliter l'application et les progrès de la législation protectrice des ouvriers en France.

« Dans ce but, elle s'efforce :

« 1° De gagner l'opinion publique à la cause de la législation protectrice des travailleurs, à l'aide de conférences, de publications, etc. ;

« 2° De fortifier l'autorité morale de l'Inspection

(1) **Coopérer** : Agir conjointement avec quelqu'un.

du travail et de l'aider ainsi dans l'accomplissement de sa mission ;

« 3° De renseigner les intéressés (ouvriers, patrons, associations professionnelles, etc.) sur le sens et la portée de la législation du travail, par l'institution notamment d'un bureau de consultations juridiques ;

« 4° D'étudier les progrès dont la législation protectrice des travailleurs est susceptible, et d'appuyer auprès des pouvoirs publics les modifications législatives dont l'utilité lui aurait paru démontrée ;

« 5° D'encourager la création de groupements régionaux ou locaux destinés à rendre plus efficace l'action de l'Association dans les diverses régions et localités. »

Il est permis de penser que tous les partisans de la législation du travail lui accorderont leur concours.

Elle aidera, pour sa part, à réaliser l'œuvre de l'Association internationale pour la protection légale des travailleurs, qui a créé, il y a deux ans, **l'Office international du travail.** Cet office a pour but de publier en français, en allemand et en anglais, un Recueil périodique de la législation du travail dans tous les pays.

En nous initiant à ces études, apprenons à bien connaître l'organisation du travail dans notre pays.

Nos lecteurs trouveront des renseignements intéressants sur ce sujet, dans les chapitres qui vont suivre.

Éducation légale du métier

II

2º — LOIS D'ORGANISATION

XXXI

LE LOUAGE D'OUVRAGE

Le CONTRAT DE LOUAGE est libre entre le patron et l'ouvrier ; il existe sans indication de durée déterminée. En cas de rupture brusque de la part de l'une des parties, il peut toujours donner lieu à des DOMMAGES-INTÉRÊTS à l'égard de l'autre.

La loi interdit le MARCHANDAGE, mais elle accepte et encourage les ASSOCIATIONS D'OUVRIERS.

1. — Le contrat de **louage d'ouvrage** s'établit par accord entre le patron et l'ouvrier. Il suit des fluctuations diverses, provenant de l'*excès de travail* ou de *main-d'œuvre*.

Quand il n'y a pas de **tarif** arrêté par les **ouvriers** *entre eux*, dans leurs organisations professionnelles, et accepté par le **patron**, c'est ce dernier qui fait la valeur du louage d'ouvrage sur le marché du travail, d'après la rareté ou l'abondance de la main-d'œuvre et l'utilité plus ou moins impérieuse qu'elle présente pour lui au moment où il vient la solliciter.

2. — Anciennement, le **louage d'ouvrage** résultait de **l'article 1780 du Code civil.** Mais

la **loi du 27 décembre 1890** a modifié complètement ce **contrat.**

Elle déclare, en ses premières lignes, que l'article 1780 du Code civil où il est dit : *On ne peut engager ses services qu'à temps ou pour une entreprise déterminée,* est complété par d'autres clauses. Ainsi, la loi nouvelle admet que « *le louage de services, fait sans détermination de durée, peut toujours cesser par la volonté d'une des parties contractantes.* »

3. — Elle déclare, néanmoins, que « la résiliation du **contrat** par la volonté d'**un seul** des contractants peut donner lieu à des **dommages-intérêts** », si la **dénonciation** *brusque* du **contrat** *indéterminé en durée,* cause un préjudice à celui qui ne l'a pas dénoncé.

4. — L'*indemnité* est évaluée d'après *les usages, la nature des services engagés, le temps écoulé, les retenues opérées et les versements effectués en vue d'une pension de retraite,* etc., etc.

5. — La loi dit : *Les parties ne peuvent renoncer à l'avance au droit éventuel de demander des dommages-intérêts* en vertu des dispositions ci-dessus.

6. — Les **contestations** à propos des prescriptions précédentes sont portées devant les **Tribunaux civils** et devant les **Cours d'Appel,** *et instruites comme affaires sommaires et jugées d'urgence.*

7. — La loi ne reconnaît plus **l'exploitation** des **ouvriers** par les **sous-entrepreneurs ouvriers,** dits **marchandeurs** ou **tâcherons.**

Le décret des **2-4 mars 1848** a déclaré, en effet, que les obligations du **contrat de marchandage** ruinaient la santé du travailleur par un travail manuel trop prolongé et qu'il était essentiellement « injuste, vexatoire et contraire au principe de la fraternité ».

8. — Le décret ne vise pas les **associations d'ouvriers,** qui ont pour but l'union pour un travail d'une longue haleine, et qui n'exploitent personne.

En cas de contestations au sujet des contrats de louage, l'intervention des juges est tout indiquée. Mais leur action est lente. Aussi, une justice nouvelle est-elle préférable, c'est celle de la conciliation et de l'arbitrage.

XXXII

CONCILIATION et ARBITRAGE

DANS LES DIFFÉRENDS COLLECTIFS
ENTRE PATRONS ET OUVRIERS EN CAS DE GRÈVE

Un bon arrangement vaut toujours mieux qu'un bon procès : Dans cette pensée, la loi permet (sans rien imposer) aux patrons et à leurs ouvriers, de liquider, autrement que par une instance auprès des tribunaux officiels, les différends à propos du travail, qui viennent à éclater entre eux.

Elle les autorise, en premier lieu, à recourir à un COMITÉ DE CONCILIATION de leur choix, et à défaut d'entente dans ce comité, à un CONSEIL D'ARBITRAGE composé au maximum de CINQ personnes. Si l'accord ne s'établit pas, le juge de paix invite les parties à désigner, soit un ou plusieurs ARBITRES, soit un ARBITRE COMMUN. Si les arbitres n'arrivent à s'entendre ni sur la solution à donner au différend, ni pour le choix de l'arbitre départiteur, celui-ci sera nommé par le **PRÉSIDENT DU TRIBUNAL CIVIL.**

1.—Une loi du **27 décembre 1892** a établi la procédure de la **conciliation** et de **l'arbitrage** (1) facultatifs en matière de **différends collectifs,** notamment entre patrons et ouvriers, en cas de **grève.**

L'arbitrage est une justice nouvelle, qui s'inspire surtout du bon sens et de l'esprit d'équité dépouillé des complications et des subtilités de la procédure ancienne. Il va choisir ses juges chez les gens compétents en une matière spéciale, dont on recherche autant et même plus la droiture de conscience que les capacités juridiques. Voici comment il procède :

2.— Entre les **patrons, ouvriers** ou **employés** ayant un **différend,** s'établit un accord pour nommer un **comité de conciliation.** Si ce comité échoue, les intéressés demandent au **juge de paix** la constitution d'un **conseil d'arbitrage.**

Les patrons, ouvriers, employés adressent, soit ensemble, soit séparément, *en personne* ou *par mandataires*, une **déclaration** au **Juge de paix** du canton.

3. — Cette déclaration contient :

1° Les noms, qualités et domiciles des **demandeurs** ou de leurs représentants ; ceux des personnes à qui la proposition de **conciliation** ou

____

(1) **Arbitrage** : Jugement rendu par une ou plusieurs personnes choisies pour juger un différend.

d'arbitrage doit être notifiée; ceux des délégués choisis parmi les intéressés par les **demandeurs,** sans que le nombre de ces délégués *puisse être supérieur à cinq* ;

2° **L'objet du différend,** avec l'exposé succinct des motifs allégués par la partie.

. 4. — En cas de **grève** et à défaut d'initiative de la part des intéressés, le **juge de paix** prend sur lui de demander aux deux parties : l'objet du différend, leur *acceptation* ou *refus* de recourir à la **conciliation** et à **l'arbitrage**; les noms, qualités et domicile des **délégués** choisis au plus au nombre de *cinq*. Les **intéressés** ont **trois** jours pour accepter ou refuser la proposition *amiable* du **juge de paix.**

5. — Le juge de paix fait part de son initiative aux **parties intéressées** par **lettre** recommandée, ou par **affiches** apposées aux portes de la justice de paix et à celles des **mairies** des communes sur le territoire desquelles s'est produite la grève.

Les intéressés ont **trois** jours pour accepter ou refuser.

S'ils acceptent, ils désignent leurs délégués, de la même manière que les **demandeurs.**

Si après réunion le **comité de conciliation** n'aboutit pas à régler le désaccord, le **juge de paix** *invite* les parties à désigner un ou plusieurs **arbitres.**

A défaut d'entente entre les juges, le **président du tribunal civil** désigne un **arbitre départiteur.**

6. — Les fonctions d'**arbitres** ne doivent être

confiées qu'à des *citoyens français*. Elles peuvent, toutefois, être exercées par des femmes, dans les professions ou industries où elles sont employées.

7. — Les **arbitres** rendent leur sentence motivée, comme les juges ordinaires. Leur mandat prend fin après l'affaire spéciale pour laquelle ils avaient été institués. Leur justice sommaire, sans frais, sans longs délais de procédure, pénètre peu à peu dans la pratique de la vie ouvrière.

8. — Elle devient même une consigne entre nations, comme le prouve l'importance prise par la **Cour permanente (1) d'arbitrage de la Haye,** qui juge pacifiquement les différends entre les Etats du monde entier, quand ceux-ci réclament son intervention.

La loi que nous venons d'étudier, tout en laissant la plus grande liberté aux intéressés d'y avoir recours et aux juges de paix d'en prendre l'initiative, laisse aussi la liberté complète aux intéressés d'accepter la décision de l'arbitre.

C'est une loi sans sanction et qui ne donne pas de grands résultats, aussi plusieurs projets de loi sur l'arbitrage obligatoire en cas de grève ont-ils été déposés au Parlement; tous comportent des dommages-intérêts pour la partie n'acceptant pas la décision du tribunal d'arbitrage.

XXXIII
L'ARBITRAGE AVANT LA GREVE

Tout moyen que la loi met au service d'une cause veut être soumis à un régime déterminé. Rien ne saurait être

(1) **Cour permanente d'arbitrage de la Haye :** Elle règle les différends survenus entre les nations et que les puissances intéressées sont d'accord de lui soumettre.

abandonné au hasard. L'arbitrage doit-il précéder la grève et l'éviter par un règlement amiable des conflits chaque fois que la chose est possible?

Ce n'est pas l'avis des syndicats. Ils prétendent que la grève, ainsi précédée par l'arbitrage, tournerait toujours à l'avantage du patron. Ils sont donc hostiles à ce projet.

Pour adoucir les difficultés entre la main-d'œuvre et le patron, on a pensé à étendre l'action de l'arbitrage et à le faire intervenir avant la grève.

Dans ce but, un projet de loi a été déposé à la Chambre des Députés. En attendant qu'il ait été voté, le monde ouvrier a tout intérêt à le connaître pour en faire des applications officieuses et se renseigner ainsi sur les avantages et les inconvénients qu'il faut en attendre.

D'après ce projet de loi, l'ouvrier qui entre dans une usine doit apprendre si les **contestations** du travail entre les propriétaires de l'établissement et les employés ou ouvriers y sont ou non soumises à l'arbitrage.

Les établissements occupant au moins cinquante ouvriers ou employés sont tenus d'avoir une affiche contenant cet avis.

Dans les **cahiers des charges** de tout marché de fournitures ou de travaux pour le compte de l'État, le soumissionnaire acceptera l'obligation de l'arbitrage pour les chantiers organisés à la suite de l'adjudication.

Dans les **concessions** faites par l'État, la même obligation d'arbitrage sera inscrite, comme aussi dans les concessions des mines.

La faculté d'imposer l'arbitrage sera accordée aux

départements et aux communes, à propos de leurs adjudications.

Pour tout établissement ayant accepté l'arbitrage, des délégués permanents seront élus parmi les ouvriers et les employés. Il y aura une circonscription électorale par 150 ouvriers. Au delà de cet effectif, l'établissement devra être, par les soins du chef d'exploitation, divisé en **circonscriptions**, soit territoriales, soit professionnelles.

I

RÉGIME DE L'ARBITRAGE AVANT LA GRÈVE

Chaque circonscription comprend au moins cinquante et au plus cent cinquante ouvriers et employés ; elle est représentée par un délégué et par un délégué adjoint.

Tous les ouvriers et employés de l'un ou de l'autre sexe sont électeurs, à l'exclusion des agents de la direction et du personnel, à la condition d'avoir dix-huit ans accomplis et d'être inscrits sur la feuille de la dernière paye effectuée pour l'établissement avant l'affichage de l'avis fixant le jour de l'élection.

L'élection a lieu chaque année dans le courant du mois de janvier. Pour les industries **saisonnières**, cette date peut être modifiée.

L'éligibilité appartient aux électeurs âgés de vingt-cinq ans, sachant lire et écrire et n'ayant encouru aucune condamnation prévue par la loi, à la condition qu'ils aient travaillé deux ans au moins dans l'établissement. A défaut d'électeurs remplissant cette dernière condition, sont électeurs les ouvriers ayant travaillé deux ans dans des établissements similaires.

Un avis du chef d'établissement fait connaître, pour chaque circonscription, là date de l'élection, le local où aura lieu le vote et les heures auxquelles sera ouvert et fermé le scrutin. Cet avis est affiché dix jours d'avance. La liste des électeurs et des éligibles est affichée dix jours avant l'élection, copie en est envoyée le même jour au maire de la commune.

S'il n'y a pas de **réclamations**, les listes sont arrêtées définitivement, sinon le **Juge de paix** juge les réclamations, d'urgence et en dernier ressort.

Le bureau est composé des deux plus âgés et du plus jeune des électeurs présents à l'ouverture du scrutin.

En cas de protestation, le recours des intéressés, patrons, ouvriers ou représentants des syndicats, est soumis dans les trois jours, aux prud'hommes.

II

DROIT DE CONTROLE DES DÉLÉGUÉS

Le délégué de chaque circonscription et, en cas d'empêchement, le délégué adjoint est chargé de recevoir les réclamations du personnel, relatives aux conditions du travail, et de les présenter au chef de l'établissement ou à son préposé.

Un chef d'atelier peut être désigné par le patron pour entendre les réclamations. Une fois au moins par mois, les délégués pourront entretenir le chef de l'établissement lui-même, ou un agent supérieur de la direction par lui désigné.

Les délégués adjoints assisteront à ces entrevues.

Au cas où le chef d'établissement ou son préposé n'aura pas admis les réclamations, les délégués ouvriers les présenteront **par écrit**, et le chef d'établissement devra leur faire parvenir, dans les quarante-huit heures, une réponse écrite. S'il maintient sa décision, il indiquera le nombre des arbitres choisis par lui.

S'il ne désigne pas d'arbitres dans les délais, les ouvriers pourront décider la grève.

III

LES RÈGLES DE L'ARBITRAGE

Si le patron désigne des arbitres, les ouvriers ont quarante-huit heures pour faire connaître par leurs délégués le nom de leurs arbitres choisis en nombre égal.

Si la sentence arbitrale n'a pas été rendue dans les six jours, soit par les arbitres des deux parties, soit par un arbitre commun, les ouvriers pourront décider la cessation du travail.

La grève n'aura lieu, soit pour l'ensemble de l'établissement, soit pour un ou plusieurs ateliers ou magasins énumérés expressément, que par un vote régulier du personnel, émis six heures après avoir informé la direction.

Toute décision de grève prise dans ces conditions est obligatoire.

Le vote doit être renouvelé tous les sept jours. Le travail est repris si la grève n'est pas votée à nouveau.

En cas de grève déclarée, les sections compétentes du **conseil du travail** sont d'office appelées à trancher le différend. Elles sont convoquées à cet effet par le président du conseil du travail, saisi lui-même, soit par l'un des intéressés, soit par l'autorité administrative.

Les sentences d'arbitrage rendues par les premiers arbitres, l'arbitre départiteur ou les sections du conseil, vaudront convention entre les parties pour une période de six mois.

Les tentatives de violence seront passibles de mesures pénales.

Les locaux nécessaires aux assemblées seront à la charge de la **commune.**

Les frais de l'arbitrage incomberont aux départements.

Cette procédure serait, dans l'esprit des auteurs du projet, l'inauguration d'un régime de revendications efficaces et calmes. Elle mettrait fin à bien des conflits. Cependant la preuve serait à faire que, cette jurisprudence établie, elle n'apparaîtrait pas comme une cause de temps perdu, de bouleversements, et d'absence de résultats entre l'employeur et la main-d'œuvre pour l'établissement d'un *modus vivendi* durable.

En attendant une solution de l'arbitrage, les ouvriers demeurent en possession d'une justice spéciale, celle des Prud'hommes, dont nous allons expliquer le fonctionnement et la procédure.

XXXIV

LES TRIBUNAUX DU TRAVAIL

Les travailleurs possèdent des tribunaux spéciaux: les PRUD'HOMMES. Ceux-ci concilient les CONTESTATIONS PROFESSIONNELLES ou les jugent ; ils prononcent comme les JUGES DE PAIX, sur la durée des contrats d'apprentissage en litige, et décident sur les indemnités ou les restitutions auxquelles ils donnent lieu. Ils conservent le dépôt des DESSINS DES FABRICANTS, des LIVRETS D'ACQUIT ; ils prononcent des CONDAMNATIONS PENALES.

1.— Les tribunaux de **Prud'hommes** constituent la justice du travail. Ils règlent les différends professionnels entre patrons, contremaîtres et ouvriers, dans l'industrie. Ils n'existent pas partout ni **pour toutes les corporations,** mais ils ont les mêmes pouvoirs, et quelquefois des pouvoirs plus étendus que les **justices de paix,** dans les villes où ils fonctionnent.

2. — Les tribunaux de **Prud'hommes** datent du Premier Empire. Le premier tribunal de ce genre fut établi à Lyon, par *la loi* du **18 mars 1806.** Un **décret** impérial contenant *règlement* sur les **conseils de Prud'hommes** fut rendu le **11 juin 1809.**

Il fut suivi d'un second **décret,** le **3 août 1810,**

et enfin de la loi du **1er juin 1853**. Des lois successives, du **7 février 1880**, du **24 novembre 1883**, du **11 décembre 1884**, en complétèrent l'organisation.

3. — Tels que nous les a donnés la législation, les **conseils de Prud'hommes** ont pour mission : 1° de *concilier* les contestations professionnelles, et si la *conciliation* est impossible, de juger les différends entre *les fabricants et les chefs d'ateliers, contremaîtres, ouvriers et apprentis* (Loi du **18 mars 1806**); 2° de prononcer (art. 6), dans les demandes à fin d'exécution ou de résolution des contrats d'apprentissage, ainsi que dans les réclamations exercées contre des personnes *qui auraient enlevé un apprenti à leur patron* (Loi du **4 mars 1851**); 3° de prononcer les **indemnités**, ou **restitutions** dues aux parties, dans la **résolution du contrat d'apprentissage**, quand il ne mentionne pas des stipulations expresses; 4° de recevoir le *Dépôt des dessins des fabricants* qui veulent pouvoir en revendiquer ensuite la propriété devant les tribunaux, en cas de *contrefaçon;* 5° de remettre au *secrétariat de leur* **conseil**, aux *chefs d'ateliers,* un **livre d'acquit** en *double,* pour «chacun des métiers qu'ils font travailler », dans la fabrication des tissus à façon effectués par les ouvriers, à domicile. Ces **livrets** constatent les règlements de compte entre les parties et empêchent les erreurs des ouvriers. Ils ont été établis par la loi du **18 mars 1806**, qui est spéciale à la **fabrique de Lyon**, et qui est restée en vigueur. Les **Prud'hommes** sont, de plus, consultés sur l'établisse-

ment des règlements d'administration publique à prendre en application de la **loi sur les moyens de constater les conventions entre Patrons et Ouvriers, en matière de tissage et de bobinage, des 29 novembre 1849, 29 janvier et 7 mars 1850,** visant les **livrets** destinés à établir les conditions auxquelles les **tisserands** ou les **bobineuses** (1) se chargent d'exécuter dans leur demeure des travaux à façon.

4. — Dans les **délits** ayant occasionné des troubles dans l'atelier, sur la poursuite des parties intéressées, les **Prud'hommes** peuvent prononcer *la peine d'un emprisonnement qui n'excède pas trois jours.*

5. — La *compétence* des **Prud'hommes** s'étend sur leurs administrés de la circonscription, et sur tout le personnel qui travaille pour leur compte, *en dehors de la circonscription.*

6. — L'ouvrier est justiciable, non pas de sa profession, mais de celle qui est exercée par son patron.

7. — Devant les Conseils de Prud'hommes, les parties sont tenues de se **présenter** en personne à la barre du tribunal.

Un directeur d'atelier ne peut pas représenter son patron; la loi est formelle sur ce point.

8. — Disons qu'il serait à désirer que l'institution des Prud'hommes s'étendît à toutes les catégories **d'employés.** Ceux-ci sont aussi intéressants que

_____

(1) **Bobineuses** : Ouvrières qui dévident du fil, de la soie, etc., etc., sur la bobine.

les ouvriers de fabrique. D'ailleurs, une nouvelle loi votée par la Chambre le 26 novembre 1903 abroge toute la jurisprudence passée et la reprend à son compte avec des modifications que le lecteur trouvera à l'Addendum, page 256 de ce volume.

XXXV

INSTITUTION ET ORGANISATION
DES TRIBUNAUX DE PRUD'HOMMES

Les tribunaux de PRUD'HOMMES sont établis par décrets. Ils se composent de patrons et d'ouvriers en nombres égaux. Ces juges siègent en BUREAU PARTICULIER et en BUREAU GÉNÉRAL. Les PRUD'HOMMES patrons et les PRUD'HOMMES ouvriers sont élus séparément par leurs égaux. Le Préfet arrête la liste des électeurs, dressée par les maires. Les PRUD'HOMMES sont rééligibles par moitié tous les trois ans.

1. — Nous venons de voir le rôle à la fois **judiciaire, conservateur** et **administratif** que jouent les **Prud'hommes** dans le monde du travail.

Il nous reste à les étudier au point de vue de leur **création,** de leur **fonctionnement** et de l'**élection.**

2. — Ils sont établis par des **décrets,** après avis des *conseils municipaux* et de la *Chambre de commerce* ou de la *Chambre consultative des arts et manufactures* du ressort.

Les **conseils** se composent de **patrons** et **d'ouvriers** en **nombres égaux.** Lorsque les professions sont nombreuses, on les groupe suivant les rapports d'analogie, et on assigne à chaque groupe un nombre de **Prud'hommes** proportionnel à la quantité des affaires habituelles.

3. — Chaque **conseil de Prud'hommes** siège en **bureau particulier** et en **bureau général**. Le **bureau particulier** est composé d'*un patron* et d'*un ouvrier* qui président alternativement et cherchent à concilier. S'ils n'y réussissent pas, le **bureau général** intervient. Il est composé, indépendamment du **président** ou du **vice-président**, d'un nombre toujours **égal** de **Prud'hommes** *patrons* et de **Prud'hommes** *ouvriers*.

4. — Le **défendeur** (celui contre lequel on réclame) est invité par lettre à se présenter. S'il ne *comparaît* pas, une **citation** (1) lui est remise par **l'huissier du conseil**. Il doit y avoir au moins **un jour** entre la citation et la *comparution*, si la partie est domiciliée dans la distance de trois myriamètres.

Le **bureau général**, après avoir entendu les parties, statue sur-le-champ.

5. — Les **jugements** des **Prud'hommes** sont définitifs et sans appel jusqu'à **200 francs** de capital. Au-dessus de cette somme, ces **jugements** sont sujets à l'appel devant le **Tribunal de Commerce**.

6. — Pour être **élu** prud'homme, il faut exercer la **profession** de la **catégorie** dans laquelle on se présente, et être âgé d'au moins **trente** ans. Ce sont des **juges élus** : 1° par les **patrons**

(1) **Citation** : Acte que l'on notifie par huissier à la personne que l'on veut obliger à comparaître devant un juge.

âgés de *vingt-cinq* ans accomplis, patentés depuis *cinq ans* au moins et depuis *trois ans* dans la *circonscription* des **Prud'hommes**; 2° par les **chefs d'atelier, contremaîtres** et **ouvriers**, âgés de *vingt-cinq ans*, depuis *cinq ans* dans leur *industrie*, et depuis trois ans dans la *circonscription*.

7. — Le **maire** de chacune des communes de la circonscription, assisté d'un **électeur patron** et d'un **électeur ouvrier**, **inscrit d'office** les électeurs aux **Prud'hommes** sur **deux** listes, l'une pour les **patrons**, l'autre pour **tous les autres électeurs.**

Le *Préfet dresse la liste des électeurs.* Elle est déposée à la **mairie**, pour attendre les *réclamations* pendant un délai de **dix jours.**

8. — Les électeurs sont **convoqués** par le **préfet.** Le scrutin est **présidé** par le **maire**, assisté de *deux scrutateurs* et un secrétaire nommés par le préfet, ou par le président de l'assemblée. Les **patrons** élisent les **Prud'hommes patrons;** les autres électeurs élisent les **Prud'hommes ouvriers;** chacun des deux groupements vote en *assemblée particulière.*

Les conseils de Prud'hommes sont renouvelés par **moitié** tous les **trois** ans. Il est question d'étendre leur compétence et de diminuer le nombre des cas d'appel auxquels ils donnent lieu devant les tribunaux de commerce, où ne siègent que des patrons.

Avec l'exposé sur les Prud'hommes, finit notre seconde section d'études sur l'éducation légale du métier : l'organisation. Nous allons étudier un nouvel élément économique : l'Association.

Éducation légale du métier

3°. — LOIS D'ASSOCIATION

XXXVI

LES ASSOCIATIONS OUVRIÈRES

Depuis le **21 MARS 1884**, les **ASSOCIATIONS OUVRIÈRES** corporatives connues sous le nom de **SYNDICATS PROFESSIONNELS** sont libres de se former, à la condition de déposer une déclaration d'existence dans les mairies. Elles s'occupent de l'**ÉTUDE ET DE LA DÉFENSE DES INTÉRÊTS ÉCONOMIQUES INDUSTRIELS, COMMERCIAUX ET AGRICOLES**. Elles jouissent d'une certaine **PERSONNALITÉ CIVILE**.

Le syndiqué peut quitter l'association librement, en acquittant ses cotisations de l'année.

1. — La loi du **21 mars 1884** est *l'origine de la liberté des associations ouvrières.*

En son *article 2*, elle dit en effet : « Les syndicats et les Associations professionnelles, même de plus de vingt personnes, exerçant la même profession, des métiers similaires, ou des professions connexes concourant à l'établissement de produits déterminés, pourront se constituer librement, sans l'autorisation du gouvernement. »

2. — Il existait au moment du vote de cette loi, et **depuis longtemps** des **syndicats professionnels;** ils avaient pris naissance en dehors de l'intervention des pouvoirs publics.

3. — **La loi de 1884** ne fit que régulariser le fait accompli.

En son *article 2,* elle dit encore : « Les syndicats professionnels ont exclusivement pour objet **l'étude et la défense des intérêts économiques** (1), **industriels, commerciaux et agricoles .»** Certaines catégories d'employés, les fonctionnaires, les personnes appartenant à quelques *carrières libérales* (avocats, notaires), ne possèdent pas encore le droit de se *syndiquer.*

4.— Pour fonder un **syndicat,** les organisateurs déposent à la **mairie** leurs **statuts** et les **noms** des membres du Conseil d'administration, qui doivent tous être Français. Les membres d'un syndicat peuvent être des **mineurs,** des femmes, des étrangers.

Le **Maire** communique les **statuts** au **Procureur de la République.**

5. — Pour Paris, le dépôt des **statuts** doit être fait à la **Préfecture de la Seine** (bureau des syndicats professionnels).

6. — Les **syndicats** forment entre eux des **Unions,** pour se concerter sur l'étude et la défense de leurs intérêts économiques, industriels, commerciaux, agricoles.

(1) **Economique** : Qui a rapport à la distribution équitable de la consommation par rapport à la production.

Les **syndicats** de patrons et d'ouvriers possèdent une **personnalité civile restreinte**
(que les **Unions** n'ont pas) et qui se traduit par :
le droit **d'ester** en justice, c'est-à-dire de plaider
comme demandeur et comme **défendeur,**
d'employer librement les sommes provenant des
cotisations, sous forme de **placements, secours**
individuels en cas de **chômage,** de **maladie,**
achats de **livres,** d'**instruments ;** *fondations* de
cours d'enseignement professionnel.

7.—Les **syndicats** ne peuvent, toutefois, acqué-
rir d'autres immeubles que ceux qui servent à
leurs *réunions,* à leurs *bibliothèques* et à des *cours
d'instruction technique, scientifique.* Ils constituent entre leurs membres des **caisses spéciales de secours mutuels et de retraites,**
mais avec la réserve expresse que ces caisses demeu-
reront distinctes et indépendantes de celles des
syndicats.

8. — Le syndiqué qui a versé à une caisse de retraite dépendant de son syndicat a le droit, même
l'ayant quitté, de continuer ses versements à la
caisse (Loi de 1884, article 7).

9. — Les **syndicats** organisent librement des
offices de placement gratuit. Ils ont *voix
consultative* sur les questions qui se rattachent à
leur spécialité.

Tout membre du **syndicat** peut donner sa dé-
mission quand il le veut, pourvu que ses cotisations
soient à jour.

XXXVII

HABITUDES SYNDICALES

Les ouvriers syndiqués s'aident dans la mesure du possible. Ils versent dans la CAISSE SYNDICALE une COTISATION. Des ressources communes, ils tirent des subsides pour le CHOMAGE SIMPLE, la MALADIE, le CHOMAGE FORCE. Ils travaillent tous suivant les règles d'un salaire convenu, ne font pas d'heures supplémentaires de travail, n'emportent pas, en général, d'ouvrage à la maison. Quand ils sont en COALITION pour réclamer du patron un avantage en cas de refus de sa part, ils se mettent en GRÈVE. La grève est un droit légal dont il faut user avec réserve, sagesse. Elle deviendra inutile quand le MARCHE DU TRAVAIL, qui s'organise tous les jours, sera tout à fait régulier.

1. — Les membres d'un **syndicat** ont entre eux des habitudes de solidarité, des devoirs de bonne camaraderie, des obligations d'assistance réciproque, fraternelle.

Dans la pratique,. voici les clauses les plus générales insérées dans leurs statuts, par des **syndicats** :

La **cotisation** individuelle est à peu près de *cinq centimes* par jour de travail ; en cas de **chômage**, elle est *supprimée.*

Dans le **chômage simple**, c'est-à-dire par manque d'ouvrage, *involontaire* de la part du **syndiqué**, celui-ci touche une indemnité, variable suivant les **syndicats**, pour la quotité et pour la durée. En cas de **maladie**, il a droit à une subvention quotidienne.

Le membre du **syndicat** fait part au **bureau**, en bon camarade, des emplois vacants qu'il connaît ; il ne travaille qu'au tarif du salaire corporatif, ne fait pas d'heures d'atelier en dehors de la **journée règlementaire**, et n'emporte pas d'ouvrage à la maison.

2. — Quand les ouvriers se voient offrir un salaire au-dessous du **tarif syndical** (1), ils **quittent** le patron. Dans ce *chômage forcé*, le **syndicat** leur alloue *une indemnité de résistançe*.

Quand les ouvriers *s'entendent*, soit pour poser des *conditions nouvelles* au **patron**, soit pour quitter le travail, ils se **coalisent.**

L'exécution de la décision d'abandonner les ateliers s'appelle la **grève.**

3. — Au sujet de la **grève**, M. Waldeck-Rousseau disait, dans sa **circulaire ministérielle relative aux syndicats professionnels**, qu'il adressa aux Préfets le 25 août 1884 :

« 1° Le fait de se concerter en vue de préparer une grève n'est plus un délit, ni pour les syndicats de patrons, d'ouvriers, d'entrepreneurs d'ouvrage syndiqués, ni pour les ouvriers, patrons, entrepreneurs d'ouvrage non syndiqués.

« 2° Cessent d'être considérés comme des atteintes au libre exercice de l'industrie et du travail les amendes, défenses, proscriptions, interdictions prononcées par suite d'un plan concerté. »

4. — Mais le **ministre** fait remarquer que les **actes de violence** exercés pour forcer des travailleurs à faire **grève**, ou les en empêcher sont passibles des **articles 414 et 415 du Code**

_____

(1) **Tarif syndical** : Tableau marquant le prix du travail pour une ville, une région.

pénal, qui prévoit des peines sévères contre ceux qui *portent atteinte* à la liberté du travail.

5. — Le ministre synthétise ainsi sa pensée sur l'**organisation du salaire** : « Grâce à la liberté complète d'une part, à la personnalité civile de l'autre, les syndicats, sûrs de l'avenir, pourront réunir les ressources nécessaires pour créer et multiplier les utiles institutions qui ont produit chez d'autres peuples de précieux résultats : Caisses de retraites, de secours, de crédit mutuel, cours, bibliothèques, sociétés coopératives, bureaux de renseignements, de placement, de statistique des salaires. »

6. — M. Waldeck-Rousseau demande aux Préfets « de favoriser l'essor de l'esprit d'association, de le stimuler, de faciliter l'usage d'une loi de liberté, d'en rendre la pratique aisée, *d'aplanir sur sa route les difficultés qui ne sauraient manquer de naître de l'inexpérience et du défaut de l'habitude de cette liberté* ».

7. — C'est par l'éducation, en effet, c'est en laissant de côté les **luttes politiques** et **religieuses,** que les syndicats échapperont aux difficultés.

8. — Nulle part de leur activité ne saurait être distraite de sa véritable destination économique. La prévoyance et la solidarité réclament tout le soin des associations professionnelles. Elles doivent organiser la consommation directe entre tous les producteurs et remplacer le régime de la richesse intermédiaire, qui commandite le travailleur, par celle que l'ouvrier devra à son seul travail.

9. — Les syndicats n'ont rien à faire avec les sys-

tèmes nouveaux proposés à leur discussion. La bataille que des hommes de partis se contentent de mener dans les sphères du raisonnement spécieux ne saurait détourner le travailleur de la poursuite de son idéal social. Il doit, en collaboration avec tous les syndiqués, ses alliés fidèles, se consacrer aux faits d'ordre positif, loin desquels la controverse pourrait l'entraîner hors du droit, de la justice et de la vérité.

10. — Il est à désirer qu'on l'encourage et que les gens paisibles, mais résolument amis d'une meilleure organisation de la valeur économique, viennent à son aide. Les **syndicats** seront d'autant plus dignes des sympathies de la nation, que ce seront des groupements dans lesquels figureront hommes et femmes de toutes professions, rapprochés pour améliorer des institutions de prévoyance, d'assistance, d'équité, si utiles aux travailleurs. Ils auront pour signe de ralliement : le Label.

XXXVIII

LE LABEL OU MARQUE SYNDICALE

Les membres des syndicats accordent la préférence pour leurs achats à des produits fabriqués par des ouvriers syndiqués. Ils reconnaissent les fournisseurs qui se conforment aux règles syndicales, à l'AFFICHE LABEL que leur délivre la Confédération générale du Travail.

Le Label est une marque de connaissement (1) destinée à mettre en vue les marchandises fabri-

(1) **Connaissement** : Déclaration de provenance des marchandises.

quées par des ouvriers jouissant des conditions déterminées par les syndicats ouvriers.

Le Label a pris naissance en Amérique. En France, la Fédération des Bourses du Travail commença de le vulgariser.

L'idée vient enfin d'être menée à bien par la **Confédération générale du Travail,** pour se conformer aux décisions des Congrès de Rennes en 1898, de Paris en 1900, de Lyon en 1901.

Le Label

Voici comment les syndicats ouvriers utilisent le Label.

Tel d'entre eux formule les revendications corporatives auprès des patrons, et si ces derniers les acceptent, le syndicat fait savoir aux autres syndicats que, dans les établissements adhérents, les produits sont fabriqués conformément aux conditions qu'il a indiquées et que, par solidarité, il faut les choisir pour fournisseurs.

La **Fédération du Livre,** l'une des plus fortes organisations corporatives, n'hésite pas à désigner aux syndicats les imprimeurs qui méritent leur clientèle.

Dans une pensée semblable, le Comité Confédéral a établi une affiche Label. Elle est apposée à la boutique des commerçants et des patrons acceptant les conditions syndicales, et le syndiqué va, de préférence, où l'affiche l'appelle.

Le monde ouvrier obtiendra, par l'application du

Label commercial et industriel, des conditions de travail meilleures. Les ouvriers de la campagne y trouveront le même profit que ceux des villes.

XXXIX
LES SYNDICATS D'OUVRIERS AGRICOLES

LES OUVRIERS DE LA CULTURE n'ont organisé encore que peu de syndicats professionnels. L'Etat ne connaît donc que difficilement leurs intérêts. Cependant l'on ne peut établir sans eux le MARCHE DU TRAVAIL. L'Etat a besoin d'être BIEN RENSEIGNE, et les ouvriers des usines et de la culture doivent lui faciliter, par l'union commune et une bonne camaraderie, les renseignements capables de l'éclairer sur la situation économique de notre pays.

1. — **Les ouvriers de la culture** se sont peu aventurés encore vers les **syndicats.** De sorte que leur condition demeure variable d'un endroit à l'autre.

C'est que l'Etat ne peut connaître les besoins individuels de chaque ouvrier. Et le meilleur moyen de lui soumettre les espérances générales d'une catégorie de travailleurs, semblerait être de les lui présenter unis dans un même désir d'amélioration corporative et de solidarité professionnelle.

L'adoption de ce moyen est à la portée de tous ceux qui ont un métier bien défini, et les ouvriers de la culture sont dans ce cas.

2. — Un sénateur de beaucoup de calme sagesse (M. Paul Strauss), disait un jour à peu près ceci, à la tribune du Parlement : « Il ne s'agit pas de donner aux syndiqués un privilège ; mais je pense que les indifférents ne méritent pas qu'on crée l'organisation nouvelle en leur faveur. » (Le Parlement

s'occupait en ce moment-là de régulariser par une loi la constitution de cinq **conseils du travail**, organisés par les décrets du 17 septembre 1900 et du 2 janvier 1902, pour renseigner le ministre du Commerce par les élus des ouvriers, sur les nécessités et le caractère des réformes économiques à entreprendre.)

Le sénateur dont nous rétablissons à peu près le discours, expliquait son opinion en disant que les indifférents ne prennent aucune part à la discussion des affaires communes, et qu'ils n'ont qu'à accepter les solutions que les syndiqués feront prévaloir.

3. — Le **Marché du Travail**, que l'on cherche à organiser pour réduire en formules acceptables les lois économiques de l'ouvrage, ne doit pas se passer des avis, des indications des employés de la culture. Ceux-ci ne savent pas assez qu'on ne doit pas les ignorer. Ils arriveront à bien connaître leurs espérances en ayant entre eux des échanges de conversations, d'observations. Leurs communications auront beaucoup plus de valeur si elles émanent d'une organisation ouvrière.

4. — L'Etat a les **syndicats professionnels** en haute estime. De la circulaire de M. Waldeck-Rousseau, déjà citée, détachons, à ce propos, ces lignes : « Il faut et il suffit que l'on sache que les syndicats professionnels ont toutes les sympathies de l'Administration, et que les fondateurs sont sûrs de trouver auprès de vous (les Préfets), les renseignements qu'ils auraient à demander. »

5. — Or, pour permettre de disposer d'une

influence utile, celle d'une solidarité qui ménage parfaitement la liberté individuelle de chaque syndiqué, et qui n'ajoute pas simplement les efforts de tous, mais les multiplie, voici quelle est la seule réserve de l'Etat : « *En accordant la liberté la plus large aux syndicats professionnels, dit la circulaire, la loi, pour toute garantie, leur demande une déclaration de naissance par l'article 4, qui prescrit le dépôt des statuts et des noms de ceux qui, à un titre quelconque, seront chargés de l'administration ou de la direction.* »

6. — Il ne faut pas confondre les syndicats d'ouvriers agricoles, qui sont des associations purement professionnelles, avec les syndicats agricoles, dont nous allons parler et qui relèvent également de la loi de 1884.

XL

LES SYNDICATS AGRICOLES

Les syndicats agricoles ont surtout en vue, autant et plus que les intérêts des personnes, la mise en valeur de la terre, l'amélioration de la culture et la mutualisation des économies de l'exploitation agricole. Ils procurent de grandes ressources à l'agriculture, sous des formes diverses correspondant aux intérêts régionaux ou locaux des cultivateurs.

1. — Si les **syndicats d'ouvriers agricoles** sont à former en grand nombre, il faut reconnaître par ailleurs que les **syndicats agricoles** *proprement dits* ont eu une carrière remarquable, rapide et singulièrement heureuse. Ils tirent leurs pouvoirs, comme les **syndicats professionnels**, de la loi du **21 mars 1884.** Ils se préoccu-

pent de l'amélioration du sort des ouvriers employés
chez les agriculteurs, propriétaires de biens ruraux;
mais ils ont plutôt en vue la défense, la protection
et la mise en valeur des biens, et la plupart de leurs
membres possèdent quelque terre au soleil.

2. — Ils ont grandi librement, cherchant à développer, à améliorer à la fois *la terre, la culture et les
capitaux dont ils possédaient en mains les ressources*. L'État a eu si peu à intervenir dans leur développement que le **ministre du Commerce a**
laissé insensiblement le **ministère de l'Agriculture** prendre soin des statistiques concernant
les **syndicats agricoles professionnels.**
De plus, c'est au **Musée social**, institution d'initiative privée, que nous devons le seul **formulaire**
complet, divisé en quatorze fascicules, ayant chacun
de quatre à vingt pages, sur les différentes catégories de syndicats agricoles.

3. — Ces documents sont d'ailleurs très utiles à
connaître, et la jeunesse des campagnes a intérêt à
les demander au Musée, 5, rue Las-Cases. En voici
les titres : *Le Syndicat agricole ; Notice sommaire ;
— Statuts d'un syndicat agricole ordinaire ; — Syndical viticole ; Notice et statuts ; — Syndical horti-
cole ; Notice et statuts ; — Syndicat betteravier ; No-
lice et statuts ; — Syndical d'élevage ; Notice et statuts ; — Syndical d'assurance mutuelle agricole ;
Notice et statuts ; — Syndicats d'outillage agricole ;
Notice et statuts ; — Syndical de Vente des Produits
agricoles ; Notice et statuts ; — Syndical de Hanne-
tonnage ; Notice et statuts ; — Syndical de Défense
des vignes contre les gelées du printemps et contre*

les orages de grêle ; Notice et statuts ; — Syndicat de Défense des récoltes contre les dégâts du gibier ; Notice et statuts ; — L'Union des syndicats agricoles ; Notice sommaire ; — Statuts d'une Union de syndicats agricoles ; — Législation et Bibliographie des Syndicats agricoles.

Telles sont les variétés d'études qui intéressent la culture.

Examinons, maintenant, les droits financiers conférés par l'Etat aux syndicats.

XLI

DROITS FINANCIERS DES SYNDICATS

La loi du 21 MARS 1884 interdit aux SYNDICATS l'ingérence dans les affaires financières, mais elle leur permet de réaliser le plus large bien-être possible, par des organisations parallèles aux syndicats, et s'occupant d'ÉPARGNE, de PREVOYANCE et de MUTUALITE.

1. — Les **syndicats agricoles** ont eu le mérite de faire valoir tous les avantages et toutes les ressources de la **Coopération** et de la **Mutualité.** La loi du **21 mars 1884** leur interdit, comme aux **syndicats professionnels ouvriers,** l'ingérence dans les affaires financières ou commerciales à bénéfices ; mais la rigueur de la loi se tempère peu à peu pour les uns et les autres, ce qui indique qu'elle s'apprête à revenir devant les Chambres, pour y être modifiée dans un sens plus libéral.

2. — D'ailleurs les **syndicats** ont des latitudes pour leurs **dépôts en argent.** Ils peuvent, avec l'autorisation du **ministre** bénéficier de la loi du **20 juillet 1895** et en déposant leurs statuts, verser un **maximum** de **15.000** francs.

3. — La **Caisse des Dépôts et Consignations** (1), par décision de sa *Commission de surveillance*, du **16 décembre 1891**, admet également les **syndicats professionnels** *dont les statuts comportent la distribution de secours ou la constitution de retraites en faveur de leurs membres*, à déposer leurs fonds disponibles à la **Caisse des Dépôts et Consignations**, avec l'intérêt actuel de 2 0/0 *capitalisé annuellement*, et la faculté d'*opérer les retraits de fonds à partir du cinquième jour qui suit la demande de remboursement*.

4. — De plus, en vertu de la loi du **5 novembre 1894**, relative à la création des **Sociétés de Crédit agricole**, des organisations de cette nature peuvent être constituées, soit par la totalité des membres d'un ou de plusieurs syndicats professionnels agricoles, soit par une partie des membres de ce syndicat.

5. — Ils peuvent enfin, quand ils *ont prévu dans leurs statuts les secours mutuels* entre leurs mem-

(1) **Caisse des Dépôts et Consignations** : Etablissement public qui a pour but de recevoir, conserver et restituer aux ayants droit les consignations en numéraire, en titres et valeurs mobilières, ainsi que les dépôts volontaires des particuliers, des établissements publics et de divers autres établissements.

Elle gère également les fonds de certains services publics, notamment ceux de la *Caisse nationale des Retraites pour la vieillesse* à 3 1/2 p. 100, et ceux des deux *Caisses nationales d'Assurances*, en cas d'accidents et en cas de décès.

Elle renseigne les particuliers qui lui écrivent; mais il est plus simple pour eux de s'adresser aux percepteurs et aux receveurs particuliers.

bres adhérents, bénéficier de la loi relative aux **Sociétés de secours mutuels**, du 1er **avril 1898**, à la condition de se conformer à ses prescriptions.

6. — La loi va même encore plus loin. Celle du **4 juillet 1890**, sur la constitution des **Sociétés ou Caisses d'Assurances mutuelles agricoles**, permet à ces caisses de se constituer en se soumettant aux prescriptions de la loi du **21 mars 1884** sur les **syndicats professionnels.**

7. — Disons, pour conclure, qu'il existait en 1900 : **26** *unions de* **syndicats agricoles, 2.226 syndicats** et **606.386 syndiqués agricoles.**

Pour nous faire une opinion sur le rôle et l'importance du mouvement syndical dans l'industrie, nous allons avoir recours à une statistique officielle.

XLII

LES CHIFFRES SONT INSTRUCTIFS

Il y a aujourd'hui 700.000 ouvriers syndiqués. Le droit de GRÈVE s'exerce d'une façon de plus en plus calme, au fur et à mesure que le MARCHÉ DU TRAVAIL avance vers sa réalisation. Le syndica est un des rouages du monde économique. Les rouages principaux de l'organisation ouvrière sont la BOURSE DU TRAVAIL, la FÉDÉRATION [DES BOURSES et la CONFÉDÉRATION GÉNÉRALE DU TRAVAIL. La pacification fait son chemin. On le constate au nombre de recours, toujours plus grand, à la conciliation et à l'arbitrage.

1. — Il faut avoir le soin de citer des chiffres, quand on veut prouver les progrès que réalise une

institution sociale. Nous nous en rapporterons ici à ceux du **ministère du Commerce.**

Si l'on s'en tient aux seuls travailleurs des ateliers, on constate que leur effectif dans les **syndicats** excède actuellement **700.000.** Les travailleurs recherchent d'ailleurs d'autant plus volontiers leurs groupements corporatifs, *qu'ils y sont admis librement et savent pouvoir en sortir de même.*

On constate que les ouvriers syndiqués sont en général *d'excellents travailleurs.* C'est une erreur de croire que la liberté dégénère en anarchie ; au contraire, en consacrant la responsabilité, elle impose aux hommes une obligation impérieuse, elle les pénètre de la conscience de leurs devoirs. Le droit de **grève** s'exerce d'une façon de plus en plus calme, sans troubles, sans échauffourées, prenant de suite un tour grave. Et plus le **marché du travail** deviendra ferme, conscient, plus les **grèves** seront rares et inutiles.

2. — Le **syndicat** n'est qu'un rouage secondaire dans le régime plus important des **Fédérations.** Les **Bourses du travail** sont aujourd'hui au nombre de **95** ; elles ont créé par centaines des **caisses de secours et de chômage,** des **cours professionnels,** des **offices de placement.** En 1901, elles ont donné du travail à **34.000** personnes.

3. — Plus la croissance syndicale se manifeste, plus le nombre des **grèves** diminue. En 1901, **523** grèves éclataient seulement sur notre territoire, alors qu'on en comptait plus de **900** en 1900, avec une moyenne, pour les quinze dernières années,

qui excédait **650**. En 1902, il n'y en a guère eu plus de **450**. Ce qui explique cette décroissance, c'est que, peu à peu, toutes les revendications justes, tous les abus dont souffraient les travailleurs et qu'on ignorait, se font jour et obtiennent satisfaction.

4. — D'ailleurs, la pacification fait son chemin. Les émeutes deviennent heureusement très rares; les conflits se dépouillent des caractères de violence qui, autrefois, les signalaient trop souvent. Ainsi le recours à la *conciliation* et à *l'arbitrage* est définitivement entré dans les mœurs, et dans au moins **25 0/0** des cas, *les patrons ou les ouvriers, sinon les deux parties, font appel à ce mode transactionnel.*

5. — En Allemagne, en Autriche, en Italie, les corporations ouvrières sont moins fortement organisées. Dans ces pays, nous trouvons la contre-épreuve de chez nous. Ils ont des *grèves* compliquées et difficiles. Il y en a eu **1100** en Allemagne, en 1901. En **1900**, en Italie, certaines grèves ont amené des répressions sanglantes.

6. — Cela prouve que, plus la classe ouvrière est groupée, disciplinée, autonome, et plus les *différends* du *capital et du travail* ont chance de se résoudre en toute loyauté, amiablement.

XLIII

LES BOURSES DU TRAVAIL

La BOURSE DU TRAVAIL est la maison des syndicats. A côté de la SALLE D'EMBAUCHAGE, et de la SALLE DES FÊTES, elle comprend des bureaux spéciaux aux syndicats, où ils instituent des PERMANENCES et des BUREAUX DE PLACEMENT GRATUIT. La BOURSE DU TRAVAIL n'est pas seulement un milieu matériel : c'est aussi une organisation de vie et de force pour tous les syndicats qui en font partie.

1. — Les **Bourses du Travail** (1) sont des immeubles où les syndicats d'une ville et quelquefois d'une région, en règle avec la loi du **21 mars 1884**, sont autorisés à élire domicile.

2. — C'est l'endroit où les ouvriers sans travail viennent demander de l'ouvrage. Mais les **Bourses du Travail**, à côté de la mission de placer les travailleurs inoccupés, ont pour but de faciliter aux syndicats ouvriers (c'est le ministre du Commerce qui parle), « l'étude et la pensée de leurs intérêts professionnels, en leur fournissant des salles de réunion, un siège social et tous les éléments qui peuvent concourir à hâter ou à compléter l'éducation économique des travailleurs, services qu'ils n'étaient pas en mesure d'assurer avec leurs propres ressources ». Dans cette énumération, il faut entendre comme y étant implicitement compris, des conférences, cours divers et notamment d'éducation

---

(1) Les services d'une Bourse du Travail sont : le Secrétariat, la Trésorerie, les Archives, la Bibliothèque, le Placement.

manuelle, professionnelle, et des cours d'enseignement classique.

3. — Prenons pour exemple la **Bourse du Travail** de Paris : Les syndicats sont admis à y occuper un local, où ils peuvent établir un **bureau de placement gratuit** pour les membres de leur profession.

La salle d'embauchage de la **Bourse** est ouverte aux patrons, ouvriers et employés de toute profession, *syndiqués ou non.*

4. — La Bourse du Travail de Paris est régie par le décret du 17 juillet 1900, qui a institué, par son article 10, une **commission administrative** chargée de l'administration générale et de l'examen de toutes les questions relatives à son fonctionnement.

5. — Cette commission est composée de quinze membres, élus pour une année, par les délégués des syndicats admis à la Bourse.

« Elle prononce, notamment, en se conformant aux dispositions du décret et du règlement général qui régissent la Bourse, sur l'**admission** ou l'exclusion des syndicats, sur la distribution des locaux, sur le roulement à établir pour l'attribution des salles de réunion et de la grande salle, sur les plaintes et les réclamations des personnes qui ont accès à la Bourse du Travail.

« Elle règle la participation aux **subventions** accordées pour les chambres syndicales. Elle dirige les services du bureau de la statistique et de la bibliothèque. Elle assure la publication de l'Annuaire et du Bulletin de la Bourse. Elle transmet copie de ses délibérations au Préfet de la Seine. Elle lui adresse tous les ans un rapport sur le fonctionnement et la situation de l'institution. Elle **propose** tous les ans un projet de budget à soumettre aux délibérations du Conseil municipal. »

6. — La commission peut être dissoute par le Préfet.

Le décret du 17 juillet 1900 a été, pour la Bourse de Paris, l'inauguration d'un régime autonome.

Elle est devenue le groupement national de toutes les Bourses du Travail, dont le siège a été établi chez elle, sous le nom de fédération.

XLIV

FÉDÉRATION NATIONALE DES BOURSES DU TRAVAIL DE FRANCE ET DES COLONIES

Un grand nombre de Bourses du Travail de France et des Colonies sont fédérées. Le rôle de la FEDERATION est à la fois d'éducation économique, d'administration, de statistique, de placement, d'études. La Fédération possède un OFFICE NATIONAL OUVRIER DE STATISTIQUE ET DE PLACEMENT, une COMMISSION JURIDIQUE, une COMMISSION D'ÉDUCATION SYNDICALE DES JEUNES GENS ET DES JEUNES FILLES.
La CONFEDÉRATION GÉNÉRALE DU TRAVAIL est une autre organisation dont le rôle est de faire de l'action économique ouvrière.
La Fédération et la Confédération organisent des CONGRÈS, qui sont les assises du monde des syndicats.

1. — Les *Bourses du Travail* sont, pour la plupart, unies entre elles dans la **Fédération nationale**

des Bourses du Travail de France et des Colonies. Elles s'occupent de questions *d'éducation économique, d'administration, de statistique, de placement, d'études.* La Fédération entre en correspondance avec les **Bourses du Travail,** par l'intermédiaire de son **bureau** et de son **comité,** chargés d'administrer la **Fédération** (1) et d'indiquer les études à poursuivre en commun.

2. — La **Fédération** a créé l'**Office national ouvrier de statistique et de placement,** pour aider et régulariser le **marché du travail** sur toute l'étendue du territoire et aux colonies. Les **Bourses du Travail** *fédérées* lui envoient chaque semaine un **tableau** contenant les **offres** et les **demandes d'emplois** auxquelles elles n'ont pu satisfaire, ni sur place par les **bureaux des syndicats,** ni *régionalement par elles-mêmes.* Les **tableaux** des **Bourses** peuvent fournir : le **taux** des salaires pour chaque métier ; l'indication des **perturbations** du travail et des **grèves;** l'avis de l'**ouverture** ou de la **fermeture** des grands **chantiers;** la *différence* entre le **taux** des salaires *des deux dernières semaines.* Toutes ces indications permettent, en disposant les chiffres à leur place, sur un **tableau de statistique :** 1° *d'adresser la main-d'œuvre où elle fait défaut ;* 2° de la faire émigrer, d'un point où elle est en excès *en un autre où elle est réclamée ;* 3° *d'arriver à connaître la valeur régionale du salaire.*

Il faudrait que l'**Office national ouvrier**

(1) **Fédération** : Alliance pour un but déterminé.

de **statistique** et de **placement** pût indiquer la **cote** du **salaire moyen** pour chaque métier, dàns tout le pays, avec une évaluation aussi précise que la **Bourse des Valeurs** (1), qui régularise et assure le cours des titres de crédit et des opérations financières quotidiennes.

3. — Quand un tel progrès aura été obtenu, les rouages de notre régime économique du travail se rangeront automatiquement à leur place. Sur nul chantier on ne verra plus l'excès de la main-d'œuvre être la conséquence de la dépréciation du salaire ; le placement ouvrier sera assuré à travers tout le pays, sans une heure de perte. Le tableau de l'**Office**, synthèse de ceux des **Bourses**, adressé à chacune de celles-ci, spécifiera exactement, par des chiffres, la somme d'argent à laquelle devra prétendre un ouvrier, suivant les provinces, et par rapport à son corps d'état. Il tiendra compte des circonstances particulières de l'embauchage dans les milieux ouvriers locaux.

4. — A côté de l'**Office du Placement**, la **Fédération** possède une **Commission juridique**, chargée de donner son avis sur les cas litigieux qui lui sont soumis pour consultation, par les **Bourses du travail** et les **syndicats**, à l'occasion des questions professionnelles. Enfin, la **Commission d'éducation syndicale des jeunes gens** et

(1) **Bourse des Valeurs** : Lieu public où s'assemblent, à de certaines heures, les agents de change, les courtiers, etc., pour traiter d'affaires et régler des comptes au moyen de papiers de crédit appelés titres et valeurs.

des jeunes filles, dont nous allons parler, relève aussi de la **Fédération.**

5. — Une autre organisation économique, qui a également son siège à la **Bourse du Travail** de Paris, et qui dispose d'une grande influence, est la **Confédération générale du Travail**. C'est une fédération d'unions de **métiers et d'industries.** Elle a pour mission d'organiser des **syndicats** et de lancer des appels de solidarité, quand les intérêts des travailleurs sont lésés.

La Fédération des Bourses et la Confédération générale du Travail ont résolu de combiner leurs efforts pour assurer une orientation plus efficace du monde ouvrier et réaliser l'unité d'action entre les deux mouvements.

L'unité d'action existera par l'éducation corporative régulière. C'est à la répandre que s'emploie la Commission d'Education syndicale.

XLV

LA COMMISSION D'EDUCATION SYNDICALE DES JEUNES GENS ET DES JEUNES FILLES

La COMMISSION D'ÉDUCATION SYNDICALE travaille au rapprochement affectueux des associations d'anciens élèves, patronages, mutualités et coopératives, et des Bourses du Travail.

1 — **La Commission d'éducation syndicale des jeunes gens et des jeunes filles** (1) a

(1) M. Millerand, alors ministre du Commerce, consulté par nous sur l'organisation d'un Office autonome du placement postscolaire au ministère du Commerce, nous adressa une

pour but : 1° d'assurer dans de bonnes conditions, par accord entre les **Associations d'anciens élèves, patronages** et **mutualités scolaires,** d'une part ; et les **syndicats,** de l'autre, le **placement** de la jeunesse *jusqu'à dix-huit ans ;* de faire connaître aux adolescents et aux adultes les **us, coutumes, lois et règlements** *intéressant* le **métier;** 3° **d'organiser,** partout où il sera possible, des **cours** de travail manuel, pour donner à l'apprenti la dextérité de la main, par la pratique du *tour,* de l'*établi,* de l'*étau,* de la *forge,* et pour compléter son éducation en lui apprenant un **métier** *usuel* bien déterminé.

2.—La commission (1) établit, partout où il est possible, des **permanences communes** dans lesquelles les *délégués* des *membres* des **associations postscolaires** et ceux des *ouvriers syndiqués* se réunissent deux fois par semaine pour assurer le **placement** des jeunes gens et des jeunes filles *au-dessous de dix-huit ans.* Passé cet âge, le placement n'est plus assuré par les **Permanences,** qui s'exposeraient, en cherchant des emplois à des adolescents libres de se syndiquer, à nuire aux ouvriers des **syndicats.**

3. —· La commission demande aux Associations

d'anciens élèves et aux syndicats d'échanger des visites et de se faire réciproquement bon accueil ; d'organiser des fêtes communes à la jeunesse post-scolaire et à la jeunesse syndicale,et de les associer toutes deux à des cours communs; de recevoir, dans leurs réunions les jeunes gens appartenant à des sociétés similaires et faisant leur **tour de France,** et de leur procurer *du* **travail,** *un* **asile,** *des* **relations,** s'interdisant de les mêler en rien aux discussions de notre temps.

4. — Elle engage les **Associations d'anciens Elèves** (1), pour ne pas nuire au marché du travail, à observer, dans le placement de leurs jeunes gens, les garanties syndicales. Elle leur demande de veiller à ce que les *prescriptions d'hygiène et de salubrité,* soient observées dans les ateliers et usines où elles adressent leurs membres en quête d'emplois.

5. — Elle encourage la formation de **Sociétés coopératives, d'assurances mutuelles,** de **secours mutuels,** en offrant aux organisateurs qui lui demandent des renseignements, les avis de la **commission juridique** sur les sociétés à fonder.

6. — **La Commission d'éducation syndi-**

(1). La **Commission** d'**Education syndicale** a publié une brochure sur l'organisation syndicale, et l'a envoyée à un grand nombre d'œuvres d'éducation sociale. Elle a précisé ses projets dans une circulaire-programme aux universités populaires, œuvres postscolaires, etc.

Elle a également adressé aux Associations Amicales de Professeurs de l'Université et d'Instituteurs publics, un appel pour demander que leurs associations amicales élisent domicile dans les Bourses du Travail et y participent ainsi à la vie syndicale.

cale des **Jeunes Gens et des Jeunes Filles** publie des **appels** aux **Bourses du Travail**, aux **Œuvres Postscolaires** (1), à propos des questions d'éducation professionnelle qui intéressent réciproquement ces groupements.

7. — Ainsi, l'œuvre des **Syndicats,** grâce à l'éducation, qui ne va jamais par soubresauts, mais procède d'une façon mesurée, sera ce que les auteurs de la loi du **21 mars 1884** avaient désiré qu'elle fût, et ce que M. le ministre de l'Intérieur, Waldeck-Rousseau, traduisait ainsi dans sa circulaire du **25 août 1884** déjà citée : « Le Gouvernement et les Chambres ne se sont pas laissé effrayer par le péril hypothétique d'une Fédération antisociale de tous les travailleurs. Pleins de confiance dans la sagesse tant de fois attestée des travailleurs, les pouvoirs publics n'ont envisagé que les bienfaits certains d'une liberté nouvelle qui doit bientôt initier l'intelligence des plus humbles à la conception des plus grands problèmes économiques et sociaux. »

L'influence des syndicats s'est rapidement affirmée. Ils ont contribué au progrès de l'organisation économique dans tout le pays. Le mouvement pro-

(1) **Œuvres postscolaires** : Leur journal attitré fut la *Fédération,* organe des Associations d'Anciens Élèves, Patronages et Mutualités Scolaires.

D'abord publiée sous la forme du quotidien, elle emprunta le format d'une revue mensuelle à deux cents pages.

Actuellement, elle reparaît, chaque fois qu'un événement postscolaire important le réclame.

Adresse : 181, avenue Victor-Hugo, Aubervilliers-Paris. (Directeur : Auguste Schneider ; Rédacteur en chef : Albert Dupin.)

duit a nécessité la constitution d'un Conseil supérieur du Travail et d'un Office du Travail au Ministère du Commerce.

XLVI

CONSEIL SUPÉRIEUR DU TRAVAIL ET OFFICE DU TRAVAIL

Le CONSEIL SUPÉRIEUR DU TRAVAIL est chargé de se livrer à des enquêtes sur le travail. Il prépare, sous la direction du ministre du Commerce, toutes les réformes qui intéressent l'organisation économique du pays, en donnant son opinion sous forme d'avis, quand il est consulté.

L'Office du Travail recueille, coordonne et publie les renseignements relatifs au travail.

1. — Le Conseil supérieur du Travail a été établi par un décret en date du **22 janvier 1891**, modifié par ceux de 1899 et du 14 mars 1903. Il a son siège au ministère du Commerce. Il comprend 74 membres, qui sont choisis parmi le Parlement, les industriels, les ouvriers, les membres des chambres syndicales, des associations patronales ou ouvrières, des groupes corporatifs, des conseils de prud'hommes, et, d'une manière générale, parmi les personnes au courant des questions économiques et sociales. Le **Conseil** comprend, en outre, **six** *membres de droit*, dont **deux professeurs** de l'Institut ou de la Faculté, et **quatre directeurs** de ministères qui n'ont que *voix consultative.*

2. — Les fonctions de membre du **Conseil** durent trois ans ; les membres sortants peuvent être renommés. Le Conseil nomme à chaque session sa **commission permanente.**

3. — Le **Conseil** fait des *enquêtes, convoque les personnes qu'il lui est important d'entendre, mais avec l'autorisation du ministre.*

4. — La **statistique du travail** dépend de l'**Office du travail,** créé par la loi du **20 juillet 1891,** au ministère du Commerce. Il a pour objet spécial indiqué dans le règlement d'administration publique du **19 août 1891** : « De recueillir, coordonner et publier toutes informations relatives au travail, notamment en ce qui concerne l'état et le développement de la production, l'organisation et la rémunération du travail, ses rapports avec le capital, la condition des ouvriers, la situation comparée du travail en France et à l'étranger, et d'effectuer tous travaux se rattachant à cet ordre d'idées, qui lui seraient demandés par le ministre du Commerce. » Il est divisé en **service central,** qui coordonne les renseignements utiles à l'**Office,** et en **service extérieur,** *qui fait les enquêtes et recueille les informations.*

Mais l'éducation ouvrière ne serait pas complète sans une éducation économique appropriée. Nous allons tenter une esquisse des connaissances qui en font partie.

ÉDUCATION ÉCONOMIQUE DE L'OUVRIER

XLVII

PLACEMENT DE L'ARGENT

L'argent placé produit un intérêt. Cet intérêt peut, par la mise en rapport direct de la grosse CONSOMMA- TION et de la grosse PRODUCTION, s'augmenter chez le peuple des bénéfices repris aux intermédiaires inu- tiles. Ce TRESOR, conquis par l'union des petites bour- ses, pourra constituer une caisse de mutualité pour tous les aléas et pour tous les risques.

1. — L'argent obtenu par le travail ne doit plus rester dans le bas de laine d'autrefois. Sa valeur du moment augmentera si l'on sait en tirer parti. Au point de vue moral et social, il faut réaliser nos dé- sirs de lucre sans empiéter sur le salaire du pro- ducteur. Le meilleur des systèmes économiques serait celui dans lequel *une société produirait juste ce qu'il faut pour sa dépense.* Dans l'état actuel des choses, où le rôle des intermédiaires est très grand, il s'agit d'en réduire le nombre et l'influence, de deux façons : 1° *En mettant en contact permanent la grosse production avec la grosse consommation ;* 2° *en épargnant et en mutualisant le bénéfice réalisé par l'absence des intermédiaires,* **afin que les**

risques individuels soient garantis par cet excédent.

2. — Comment donc faudra-il réaliser la lettre de ces principes de placement ? En rudiment, par la **Caisse d'épargne** (1), qui donne un intérêt variant entre **3 fr. 25** et **2 fr. 75** 0/0. C'est un placement facile, que l'on peut retirer quand on veut, en avisant la poste. Il y a également la **Caisse nationale des Retraites pour la vieillesse,** qui donne **3 fr. 50** 0/0. Elle ne rend rien dans le présent. Elle ne se préoccupe que de l'avenir du prévoyant. La modicité de tels résultats ne permet pas de mettre ces **Caisses** en parallèle avec les **Sociétés financières**, dont les promesses de **dividendes** sont souvent fantastiques. Il y a là, cependant, des risques à courir, vers lesquels il ne serait pas sage d'orienter les modestes ressources. D'ailleurs, tandis que les petites bourses placent leurs économies dans de telles entreprises, elles ne se doutent pas que parfois les articles les plus vulgaires du ménage ont été revendus à leurs fournisseurs par ces sociétés financières dont elles sont les actionnaires. Et ainsi, elles se créent involontairement un intermédiaire qui, avec le même argent, perçoit un double bénéfice, *celui de la société financière et celui du fournisseur.*

(1) **Caisse nationale d'Epargne** : Elle reçoit des dépôts en argent, qui peuvent être effectués dans tous les bureaux de poste, par le moyen du *livret individuel* de chaque déposant, et retirés de même.

Elle est administrée par la Caisse des Dépôts et Consignations, quai d'Orsay, n° 3, à Paris. Le taux de l'intérêt qu'elle sert annuellement est fixé par l'Etat. Elle est instituée avec garantie de l'Etat, et placée sous l'autorité du ministre du Commerce.

3. —Quant à la **Caisse d'Epargne** et à la **Caisse des Retraites,** si elles gardent bien l'argent, et sans danger, l'Etat n'entend les donner que comme moyens préventifs contre la misère et pour être assuré de n'avoir pas, à la charge de l'**Assistance publique,** tous ceux que l'indigence, amenée par l'imprévoyance, frappe dans la vieillesse. Mais l'Etat n'est ni un négociant, ni un homme d'affaires : c'est un père de famille, simplement. Les ouvriers doivent aller plus loin que cette prévoyance officielle, et combiner les deux systèmes : celui de l'Etat régulier, sans risques ; et celui des sociétés financières, dont une gestion directe et réciproque de tous les actionnaires par eux-mêmes supprimerait les aléas et maintiendrait les bénéfices, qui seraient répartis également entre tous.

4. — Nous réaliserons ces résultats par deux genres de sociétés : les **Coopératives** et les **Mutualités.** Exposons le rouage et le fonctionnement des premières.

XLVIII

LES SOCIÉTÉS A CAPITAL VARIABLE

**La loi de 1867 a reconnu les sociétés financières à CAPITAL VARIABLE, c'est-à-dire pouvant être augmenté ou diminué. Les COOPÉRATIVES ont ainsi, depuis cette loi, le Droit de se constituer, soit en NOM COLLECTIF, soit en SOCIETE ANONYME, en COMMANDITE SIMPLE ou en COMMANDITE PAR ACTIONS.
Ces sociétés rapprochent, pour l'action économique, la production et la consommation. Elles annulent ainsi les intermédiaires capitalistes, mais il faut les étendre à toute une nation et non les laisser devenir le monopole de quelques groupements privilégiés.**

1. — Avant 1867, les sociétés financières étaient toutes à *capital fixe*, c'est-à-dire que les *apports* ou les *retraits* d'argent qu'elles subissaient étaient la cause de **liquidations** fort coûteuses.

Or, depuis quelque temps on parlait, à cette époque, de **coopératives** formées entre ouvriers, sous le nom de **sociétés de consommation, de crédit mutuel, de production.**

2. — La loi du **24 juillet 1867** est venue régulariser la situation de ces sociétés ; elle a décidé, dans son article **48** : « Il peut être stipulé, dans les statuts de toute société, que le capital social sera susceptible d'**augmentation d'apports** par les associés ou l'admission d'associés nouveaux, et de diminution par la **reprise** *totale ou partielle* des **apports effectués.** »

3. — Les **sociétés à capital variable** se constituent, au choix, sous la forme de **sociétés en nom collectif, de sociétés anonymes,** de **sociétés en commandite** (1) **simple** ou encore en commandite par **actions.**

4. — La **Société en nom collectif** s'appelle ainsi de ce qu'elle porte le nom de deux ou plusieurs des personnes entre lesquelles elle se forme. S'il y a une société entre Barthet, Martin et Cⁱᵉ, ce sera là sa **raison sociale.** Chaque associé, désigné ou non sous cette rubrique, est tenu d'*obliger solidairement* tous les associés sur *tous ses biens.*

5. — La **société anonyme** est composée d'**actionnaires.** Ils touchent des **dividendes** ou

___

(1) **Commandite** : Mise de fonds qui n'engage aucunement le souscripteur dans la gestion d'une société, et qui ne le rend responsable que jusqu'à concurrence de sa mise.

intérêts spéciaux, proportionnels à leurs mises et aux bénéfices de la société. Les **actions** ou parts sont toutes égales. Le même sociétaire peut en détenir plusieurs, et n'est tenu des **dettes** de la société que jusqu'à concurrence de sa souscription. Aucun nom ne figure dans le titre de la société, parce qu'elle ne renferme pas d'**associés solidaires.** Elle n'offre de garanties au public que jusqu'à concurrence du capital social.

6. — La **société en commandite simple** est formée par des **associés responsables et solidaires,** qui admettent des associés apportant des fonds jusqu'à concurrence desquels seulement ils s'engagent : ce sont les **commanditaires. La raison sociale** porte le nom d'un ou de plusieurs des associés. **L'acte constitutif** de la société comprend les noms de tous les associés, solidaires et commanditaires.

7. — La **société en commandite par actions** est composée, comme la précédente, d'**associés solidaires.** Ceux-ci divisent le capital social en parts égales, et les **commanditaires** sont ainsi des **actionnaires,** tandis que, dans le cas de **commandite simple,** ils n'étaient que des **associés non solidaires.**

8. — Les **actions** ou **parts** sont **au nominatif** quand elles portent le nom du titulaire. Elles peuvent être converties en **actions au porteur** quand elles sont **libérées de moitié.**

9. — **L'action au porteur** *se cède de la main à la main ;* l'**action nominative** ne peut être transmise que par une **déclaration** inscrite sur

le registre de la société, et *signée* des noms du cé-
dant et du **bénéficiaire.**

10. — Outre les **actions** les sociétés possèdent
aujourd'hui des titres appelés **obligations.** Ce
sont des valeurs remises à des **créanciers,** et
dont le remboursement est garanti par l'actif social.
En cas de *dissolution* d'une société, les **obliga-
taires** sont des créanciers privilégiés. Les **obli-
gataires** ne sont pas intéressés dans les bénéfices. Leur argent rapporte un intérêt fixe, en dehors
duquel la société ne leur doit rien.

Les Sociétés coopératives ont le privilège légal de
se prononcer pour l'un ou l'autre de ces
systèmes dans l'acte constitutif de la Société, car
elles sont essentiellement des sociétés à capital
variable.

XLIX

RÉGIME SPÉCIAL
DES SOCIÉTÉS COOPÉRATIVES

**Les SOCIÉTÉS COOPÉRATIVES suivent, en principe, la
règle de la catégorie de sociétés dont elles ont pris la
forme, mais sont sujettes, dans la pratique, à de nombreuses dérogations à cette règle.**

**Ces dérogations intéressent les trois sortes de réalisa-
tions des COOPÉRATIVES: PRODUCTION, PRÊT MU-
TUEL, CONSOMMATION.**

1. — La **Société coopérative** suit, pour l'ensemble de l'organisation, le régime de la catégorie
des sociétés financières dont elle a adopté la forme.
Mais ce régime subit de nombreuses dérogations

dans la pratique. Voici quelles en sont les plus essentielles :

2. — La Coopérative est tenue à la publication d'un extrait de l'acte constitutif de ses **statuts**, contenant l'indication de la somme au-dessous de laquelle le capital ne peut être réduit (*Art. 86 de la loi de 1867*). Les factures mentionnent le nom de la société.

3. — Quand elle est formée par **actions**, ses titres restent toujours au **nominatif**, ainsi que leurs **coupons**. Le **capital social** indiqué par les **statuts**, ne peut excéder 200.000 francs ; mais **l'assemblée générale** demeure libre de l'augmenter, par des décisions prises d'année en année. Chaque augmentation ne saurait, toutefois, être supérieure à 200.000 francs, mais les **actions** peuvent être d'un **minimum** de **50** francs, et le versement du dixième (pour les sociétés ordinaires, il est du quart) suffit pour la constitution de la société. Mentionnons qu'une restriction est apportée au droit qu'ont les sociétaires de se retirer quand ils le veulent : c'est la nécessité de maintenir la limite *au-dessous de laquelle le capital ne pourra être réduit par la reprise des apports*. Cette somme ne peut être inférieure au *dixième* du capital.

4. — La **Société coopérative** s'intitule **de consommation** quand elle fournit à ses membres des objets industriels, des produits manufacturés, des denrées, au prix du gros. Elle leur fait remise de la différence entre ce prix et celui du détail, déduction faite des frais de gérance, de gestion, et de la part de dividende, et même de remboursement aux

actions, s'il en existe. Les engagements de la société envers les coopérateurs portent quelquefois que les remboursements leur seront servis, soit en primes d'assurances, soit en **bons de maisons ouvrières à bon marché**, soit en toute autre entreprise d'intérêt prévoyant ou philanthropique. Mais, en général, le remboursement s'effectue en espèces.

5. — **La Société coopérative** peut se donner pour but de prêter de l'argent à ses membres, à un taux d'intérêt très réduit. Elle prend alors le nom de **Société coopérative de prêt mutuel.**

6. — Elle a également le droit de produire et fabriquer, avec un matériel et dans des locaux spéciaux, tous les produits qu'elle pourra ensuite vendre à ses membres. Dans ce cas, elle s'appelle **Société coopérative de production.**

7. — Pour quelque but et de quelque manière (1) qu'elle s'organise, elle ne doit point se livrer au commerce. Elle ne doit point faire bénéficier des personnes étrangères à ses membres, des avantages dont elle dispose.

8. — Les **Sociétés coopératives** ne payent pas **l'impôt des patentes.**

Il ne faut pas confondre ces Sociétés, dont les

(1) Voici quelques pratiques usuelles des coopératives : 1° Exploiter collectivement un terrain, une concession de territoires, de mines, de chutes d'eau ; 2° réserver à la société les coupes d'une plantation d'arbres faite en commun ; 3° posséder des outils à l'usage de chaque sociétaire ; 4° lui vendre, avec remise du bénéfice, des produits de consommation obtenus par la société au prix du gros ; 5° produire, en une ou plusieurs branches de l'industrie, la quantité que chaque sociétaire peut consommer, et ne pas produire davantage ; 6° mettre en commun une somme destinée à être convertie en prêts individuels.

membres se partagent des bénéfices annuels, avec les Sociétés de secours mutuels qui s'interdisent toute affaire commerciale.

L

LA LOI DU 1ᵉʳ AVRIL 1898, RELATIVE AUX SOCIETES DE SECOURS MUTUELS

En associant les minimes économies d'un grand nombre de personnes, les sociétés de secours mutuels arrivent à assurer une aide à chacun de leurs membres aux prises avec les difficultés de la vie.

Où l'individu ne peut réussir à vaincre les misères qui l'atteignent, la mutualité conjure bien des périls. Elle garantit contre de nombreuses tristesses le sociétaire qui a eu confiance en elle aux jours où il était dans la prospérité.

Cependant la pratique de la mutualité ne procure que l'égalité volontaire du bien-être individuel dans l'effort collectif. Elle ne doit point dispenser les sociétés humaines d'établir en droit la réalisation de la vie matérielle complète pour chaque individu, en dehors de tout contrat particulier.

1.

GÉNÉRALITÉS

C'est la **loi du 1ᵉʳ avril 1898** qui régit les sociétés de secours mutuels. Etudions-la et, en l'analysant, soulignons soigneusement toutes les indications utiles qu'elle peut nous fournir.

En l'**article premier** de cette loi, il est dit :

« Les sociétés de secours mutuels sont des associations de **prévoyance** qui se proposent d'atteindre un ou plusieurs des buts suivants : assurer à leurs membres participants et à leurs familles des secours en cas de maladie, blessures ou infirmités, leur constituer des **pensions de retraites,** contracter à leur profit des assurances individuelles ou collectives en cas de vie, de décès ou d'accidents, pourvoir aux frais des funérailles et allouer des secours aux ascendants, aux veufs, veuves ou orphelins des membres participants décédés.

« Elles peuvent, en outre, accessoirement créer au profit de leurs membres des cours professionnels, des **offices gratuits** de placement, et accorder des allocations en cas de chômage, à la condition qu'il soit pourvu à ces trois ordres de dépenses au moyen de cotisations ou de recettes spéciales. »

Il ne faut pas considérer comme **sociétés** de secours mutuels les **associations** qui, en organisant tout ou partie des services dont nous venons de parler créent des avantages particuliers à certains de leurs membres. Tous les membres participants d'une mutualité, sans distinction, doivent posséder les mêmes avantages.

Une société de secours mutuels peut comprendre des **membres participants** prenant part à tous es avantages que confère cette société, et des **membres honoraires** payant la cotisation fixée, faisant des dons à l'association sans prendre part aux bénéfices attribués aux membres participants.

Mais les statuts peuvent contenir des dispositions spéciales pour que les membres honoraires deviennent des membres participants, à la suite de revers de fortune.

Les **femmes** peuvent faire partie des sociétés de secours mutuels. Les femmes mariées exercent ce droit sans l'assistance de leur mari.

Les mineurs sont admis dans les sociétés, sans l'intervention de leur représentant légal.

L'administration et la direction des sociétés de secours mutuels ne peuvent être confiées qu'à des **Français majeurs** non déchus de leurs droits civils, sous réserve, pour les femmes mariées, des autorisations de droit commun.

2.

CONSTITUTION D'UNE SOCIÉTÉ DE SECOURS MUTUELS

Les membres du **Conseil d'administration** et du bureau des sociétés sont nommés par le vote au **bulletin secret.** Ils doivent appartenir à la société comme membres participants ou honoraires.

Pour constituer une société de secours mutuels, ses fondateurs déposent, un mois d'avance, un double exemplaire : 1° des **statuts** de leur association; 2° de la **liste** des noms et adresses de toutes les personnes qui, sous un titre quelconque, seront chargées à l'origine de l'administration ou de la direction.

Le **dépôt** contre récépissé a lieu à la sous-préfecture de l'arrondissement où la société a son siège social, ou à la préfecture du département.

Le maire de la commune en est avisé par le préfet ou le sous-préfet.

Un **extrait des statuts** est inséré dans le Recueil des actes de la préfecture.

Tout changement dans la société est soumis aux formalités précédentes.

Les statuts indiquent : le **siège social**, qui peut être situé ailleurs qu'en territoire français ; les conditions d'admission et d'exclusion des membres participants et des membres honoraires ; la composition du bureau et du conseil d'administration ; le mode d'élection de leurs membres, la nature et la durée de leurs pouvoirs; les **conditions du vote** à l'assemblée générale et le droit pour les sociétaires de s'y faire repiésenter.

En outre, les statuts mentionnent les **obligations** et les **avantages** des membres participants; le montant et l'emploi des cotisations des membres, soit honoraires, soit participants; les modes de placement et de retrait des fonds; les conditions de la dissolution volontaire de la société; les bases de la **liquidation** à intervenir si la dissolution a lieu ; le mode de conservation des documents intéressant la société; le mode de constitution des retraites pour lesquelles il n'a pas été pris d'engagement ferme et dont l'importance dépendra des ressources de la société; l'organisation des **retraites garanties**, et spécialement la fixation de leur quotité et l'âge d'entrée en jouissance; les prélèvements à opérer sur les cotisations des membres honoraires ou participants, lorsque les cotisations des membres honoraires ou participants devront être affectées pour partie à la constitution de retraites garanties, que ce soit au moyen d'un fonds commun ou de livrets individuels délivrés au nom des sociétaires.

Les pouvoirs de représentation à l'assemblée générale peuvent être rédigés sur papier libre. Les contestations sur la validité des opérations électorales de cette assemblée sont appelées devant le juge de paix.

Dans les trois premiers mois de chaque année, les sociétés de secours mutuels doivent adresser, par l'intermédiaire des préfets, au ministère de l'Intérieur **la statistique** de leur effectif, le **nombre** et la **nature** des cas de maladies de leurs membres, telle qu'elle est prescrite par la loi du 30 novembre 1902.

Il peut être établi entre les sociétés de secours mutuels, en conservant d'ailleurs à chacune d'elles son autonomie, des **unions** ayant pour objet notamment : l'organisation, en faveur des membres participants, de soins, de secours, la création de pharmacies, la formation d'assurances mutuelles pour les risques divers auxquels les sociétés se sont engagés à pourvoir, comme la création de caisses de retraites et d'assurances communes à plusieurs sociétés, pour les opérations à long terme et les maladies de **longue durée**, et aussi le service de placement gratuit.

3.

POUVOIRS DES SOCIÉTÉS

Les sociétés de secours mutuels sont admises à contracter des **assurances**, soit en cas de décès, soit en cas d'accidents, aux caisses d'assurances instituées par la loi du 11 juillet 1868.

Ces assurances peuvent se cumuler avec les assurances individuelles.

La **dissolution** volontaire d'une société de secours mutuels ne peut être prononcée que dans une assemblée convoquée à cet effet par un avis indiquant l'objet de la réunion et à la condition de réunir à la fois une **majorité** des deux tiers des membres présents et la majorité des membres inscrits.

Les secours, pensions, contrats d'assurances, livrets remis par les sociétés et généralement toutes sommes et tous titres à remettre par les sociétés de secours mutuels à leurs membres participants, sont incessibles et insaisissables jusqu'à concurrence de 360 francs par an **pour les rentes**, et de 3.600 francs **pour les capitaux** assurés.

Les sociétés de secours mutuels ayant satisfait aux **prescriptions** de la loi ont le droit d'ester en justice, tant en demandant qu'en défendant, par le président ou par le délégué, ayant mandat spécial à cet effet, et peuvent obtenir l'**assistance judiciaire** dans les conditions de la loi du 22 janvier 1851.

Les sociétés de secours mutuels se divisent en **sociétés libres, sociétés approuvées, sociétés reconnues d'utilité publique.**

Les sociétés libres disposent de leurs cotisations, possèdent des objets mobiliers, des immeubles à bail pour l'installation de leurs divers services. Elles peuvent, avec l'autorisation du préfet, recevoir des dons et legs mobiliers.

Mais elles ne sauraient acquérir des immeubles, sauf les immeubles exclusivement affectés à leur service, ni recevoir de **dons** ou **legs immobiliers** qu'à la charge d'obtenir l'autorisation du préfet, et d'aliéner ces biens.

Les sociétés approuvées et les unions de sociétés qui auront fait approuver leurs statuts par **arrêté ministériel** auront tous les droits accordés aux sociétés libres et unions de sociétés libres.

De plus, elles jouiront d'avantages spéciaux : recevoir des dons et legs mobiliers, sous réserve de l'approbation du **Conseil d'État** (1) ; être autorisées à acquérir, par décret rendu en ce Conseil, les **immeubles** nécessaires soit à leurs services d'administration, soit à leur service d'hospitalisation.

Les **communes** doivent fournir aux sociétés approuvées qui le demandent, les locaux nécessaires à leurs réunions, ainsi que les livrets et registres nécessaires à leur comptabilité. En cas d'insuffisance de ressources des communes, cette dépense incombe au département.

Tous les **actes** intéressant les sociétés approuvées sont exempts des droits de **timbre et d'enregistrement.** Les reçus des cotisations sont exempts du droit de quittance.

(1) **Conseil d'État** : Dans l'état actuel des choses, il est le principal conseil du chef de l'État et des ministres. Dans cette assemblée se traitent les questions de haute politique ou de haute administration. Il est chargé, en outre, de statuer, comme juridiction suprême, sur les litiges appartenant au contentieux administratif.

Les **placements** des sociétés de secours mutuels approuvées doivent être effectués en dépôt aux Caisses d'épargne, à la Caisse des Dépôts et Consignations, en rentes sur l'Etat, bons du Trésor ou autres valeurs créées ou garanties par l'Etat, en obligations des départements et des communes, du Crédit Foncier de France ou des compagnies françaises de chemins de fer qui ont une garantie de l'Etat.

Les mêmes sociétés peuvent posséder et acquérir des immeubles jusqu'à concurrence des **trois quarts** de leur avoir, les vendre et les échanger. Ces opérations devront être votées à la majorité des trois quarts des voix, par une **assemblée générale.**

Les titres et valeurs au porteur des sociétés approuvées seront confiés à la **Caisse des Dépôts et Consignations**, qui fera, au sujet des valeurs, les **diverses opérations** nécessaires : encaisser les arrérages, coupons et primes, s'occuper du remboursement des titres et en porter le montant au compte du dépôt de chaque société.

Les sociétés de secours mutuels approuvées sont admises à verser des capitaux à la Caisse des Dépôts et Consignations : en **compte courant** disponible (1); en un compte affecté pour toute la durée de la société à la formation et à l'accroissement d'un fonds commun inaliénable, placé, soit à la Caisse des

(1) **Compte courant disponible** : Celui dont une société peut disposer et au moyen duquel elle organise un va-et-vient de fonds. Une société bien administrée ne néglige pas de se faire ouvrir un compte courant à la Caisse des Dépôts.

Dépôts et Consignations, soit en valeurs ou immeubles, soit à la Caisse des Retraites pour la vieillesse.

La société peut décider de verser au fonds commun, dont la création est **facultative**, les subventions de l'Etat, en totalité ou en partie, les dons et legs, les cotisations des membres honoraires et autres ressources disponibles.

4.

SUBVENTIONS

Conformément aux prescriptions des décrets du 28 novembre 1853, du 26 avril 1856 et de la loi du 1er avril 1898, des **subventions proportionnelles** sont allouées aux sociétés de secours mutuels approuvées qui effectuent des versements à leurs caisses de pensions viagères de retraites. Elles comprennent: 1° le **quart du versement**; 2° **un franc** par membre participant; 3° **un franc** par membre participant âgé de plus de cinquante-cinq ans, avec les restrictions suivantes : 1° la subvention ne peut jamais dépasser le versement; 2° lorsque le nombre des membres participants est égal ou inférieur à 1.000, la subvention **ne peut excéder** 3.000 francs; 3° si le nombre des membres participants est **supérieur à 1.000.** la subvention ne peut excéder le nombre de ces membres multiplié par trois; 4° en aucun cas, la subvention **ne peut dépasser** la somme de 10.000 francs.

Le compte courant et le fonds commun portent intérêt à un taux égal à celui de la **Caisse natio-**

nale des retraites pour la vieillesse (1).

La différence entre le taux de la Caisse des retraites et le taux de 4 1/2 0/0, déterminé par le décret-loi du 26 mars 1852 et le décret du 26 avril 1856, est versée, à titre de bonification, à toute société de secours mutuels **approuvée** ou reconnue **d'utilité publique,** en raison de son avoir à la Caisse des Dépôts et Consignations (fonds libres et fonds de retraites), au moyen d'un crédit inscrit au **budget** du ministère de l'Intérieur.

§ 6.

PENSIONS DE RETRAITES

Les pensions de retraites peuvent être constituées, soit sur le **fonds commun,** soit sur le **livret individuel.** Ce dernier appartient en toute propriété à son titulaire, à **capital aliéné** ou **réservé.**

Pour bénéficier des pensions provenant du fonds commun, les membres participants doivent être âgés d'au moins cinquante ans, avoir acquitté la cotisation sociale pendant **quinze ans** au moins, et remplir les conditions statutaires fixées pour l'obtention de la pension.

Les sociétés qui constituent sur le fonds commun des pensions de retraites **garanties** sont tenues

(1) Une *Instruction à l'usage des déposants à la Caisse nationale des Retraites* est adressée à toute personne qui écrit à la Caisse des dépôts et consignations, quai d'Orsay, 3, à Paris.

de produire tous les cinq ans au moins, au ministre de l'Intérieur, la situation de leurs engagements,
éventuels ou liquides, et les ressources correspon-
dantes.

Les pensions de retraites constituées par le **livret
individuel**, à l'aide de la Caisse nationale des retraites (à 3 fr.50 0/0 d'intérêt),d'une caisse autonome,
proviennent de la cotisation spéciale que le sociétaire a acquittée en vue de la retraite, de tout ou
partie des arrérages annuels du fonds commun inaliénable, s'il y en a un; des autres ressources dont
les statuts autorisent l'emploi pour cet objet.

Les versements effectués par la société sur le livret individuel sont à capital aliéné, ou à capital
réservé, au profit de la société, suivant que les statuts en ont décidé.

Pour les versements qui proviennent des cotisations du **membre participant**, ils peuvent être,
au choix de ce membre, faits à capital réservé ou à
capital aliéné au profit de ses ayants droit.

En dehors des retraites garanties ou non garanties, constituées soit par le fonds commun, soit par
le livret individuel, les sociétés peuvent accorder
à leurs membres des allocations, **non pas viagères**, mais annuelles.

Des crédits seront employés par le ministère de
l'Intérieur, chaque année, à accorder des allocations aux sociétés, dans les conditions indiquées
plus haut. Les sociétés de secours mutuels ne participent pas aux subventions de l'Etat et ne bénéficient
pas du **taux d'intérêt** fixé par les décrets des
26 mars 1852, 26 avril 1856, si elles accordent des al-

locations annuelles ou des **pensions** supérieures à 360 francs, ou des **capitaux** en cas de vie ou de décès, supérieurs à 3.000 francs. Les sociétaires qui s'affilieront à plusieurs sociétés en vue de se constituer une pension supérieure à 360 francs ou des capitaux en cas de vie ou de décès supérieurs à 3.000 francs seront exclus des sociétés de secours mutuels dont ils font partie, sous peine, pour la société, de perdre les avantages concédés par la présente loi.

Les sociétés sont reconnues comme **établissements d'utilité publique** dans certains cas relativement assez rares. Elles obtiennent ce régime par des décrets rendus/dans la forme des règlements d'administration publique.

La reconnaissance d'utilité publique confère aux sociétés qui en sont investies, les avantages accordés aux sociétés approuvées. Elles peuvent, en outre, **posséder** et acquérir, **vendre** et échanger des immeubles, dans les conditions déterminées par le décret déclarant d'utilité publique.

6.

CONSEIL SUPÉRIEUR

La loi de 1898 institue un **Conseil supérieur des sociétés de secours mutuels** près le ministère de l'Intérieur. Il est composé de 36 membres.

Il a mission de donner son avis sur toutes les dispositions réglementaires ou autres qui concernent le fonctionnement des sociétés de secours mutuels et notamment le mode do répartition des subventions et secours.

Une **section permanente** de 7 membres, nommés par le ministre, donne avis sur toutes les questions qui lui sont renvoyées par le Conseil supérieur ou le ministre.

7.

CONCLUSIONS

Telle que la comprend la loi, la mutualité dispose de nombreux moyens d'action. Elle n'est limitée, dans l'extension de ses efforts, que par la limite même de la solidarité.

A l'**école**(1), elle se contente d'une pièce de dix centimes ; ailleurs elle demande un peu plus, mais partout elle fait reculer l'**imprévoyance**, afin d'installer à sa place, pour chaque malaise social, un remède approprié.

Elle s'oriente de plus en plus vers la retraite par le fonds commun, garantissant par une **contre-assurance** réversible à sa mort sur la tête des héritiers, la somme placée à **capital aliéné** par le sociétaire au **fonds commun.**

Les fonds de la mutualité ne sont pas suffisants

(1) **A l'école** : La mutualité scolaire existe dans un grand nombre d'écoles. Chaque élève mutualiste apporte, tous les lundis, une pièce de dix centimes pour la société. Cette somme est répartie par moitié entre le fonds de maladie et le fonds de retraite.

La mutualité scolaire a été fondée par M. Cavé, qui mérite d'être appelé un bienfaiteur de l'humanité.

Lire : **La Mutualité scolaire et populaire**, par *Albert Dupin*, avant-propos par *Jules Payot.*

pour assurer à chaque vieillard une rente viagère nécessaire, puisqu'elle est facultative. La nation doit donc rechercher le moyen d'assurer une retraite au travailleur pour ses vieux jours.

LI

LES RETRAITES OUVRIÈRES

Le travailleur qui a épuisé sa vie à l'atelier ou aux champs mérite que sa vieillesse ne soit pas abandonnée. La reconnaissance du droit à la vie est une mesure d'équité sociale à l'égard de tous les hommes, sans exception, et en particulier au sien. Il s'agit de s'organiser pour rendre effectif le droit du vieillard.

L'État l'assurera-t-il tout seul ? Autorisera-t-il simplement la mutualité à obtenir pour chacun ce que la contribution de chacun à l'effort de tous peut lui donner ? Accordera-t-il aux ouvriers des dotations pour leur Caisse de retraite ? Dans l'affirmative, sera-ce en argent ou bien en nature de sol ou de force motrice ?

Ce sont les conclusions entre lesquelles le législateur et le sociologue doivent opter, afin que la France soit de plus en plus un foyer de courtoisie, de générosité et de justice sociale.

La solution de l'équitable **rente viagère** pour le travailleur âgé ou invalide se fait attendre, mais tous les esprits y sont préparés et la désirent. S'ils sont en divergence, c'est seulement sur le mode à employer pour constituer la retraite.

Les uns sont partisans d'**obliger** par une loi les ouvriers à verser des cotisations et à se constituer une rente sous l'autorité directe de l'Etat : c'est ce qui existe en **Allemagne** et en **Autriche.**

Les autres, tentés par le système danois, vantent l'assistance obligatoire effectuée par l'Etat au nom de tous.

A côté de ces deux partis, il y a celui de la **mu-tualité libre**, comme en **Angleterre.**

En **Belgique**, la loi du 10 mai 1900 a proclamé le système de la « liberté subsidiée », c'est-à-dire de la prévoyance libre, garantie par l'Etat et aidée par ses subventions.

En **Italie**, la Caisse nationale de prévoyance pour l'invalidité et la vieillesse assure la liquidation de la pension de retraite en **rapport direct** avec les cotisations versées par les associés. L'Etat encourage les ouvriers qui apportent librement leur argent à cette institution. Il a assuré à la Caisse nationale une dotation en argent. **Deux formes** différentes de retraites du travailleur y sont acceptées: celle de la mutualité ou du capital aliéné, et celle du capital réservé, faisant retour aux héritiers de l'assuré. Cette dernière retraite est de 20 0/0 plus faible que la première.

Les pensions **d'invalidité** servies par la Caisse italienne sont liquidées à tout ouvrier inscrit depuis au moins cinq ans, et atteint d'incapacité de travail. Elles sont servies à l'invalide, proportionnellement aux versements effectués par lui. La liquidation de ces pensions s'effectue sur la simple présentation d'un **certificat médical**, accompagné d'une déclaration conforme du maire du domicile de l'ouvrier.

Les **pensions** insaisissables sont payées par trimestre. Vingt-cinq ans de cotisation donnent droit à une rente viagère, à partir de la soixantième année. Le titulaire de la pension peut être admis sur sa demande, et à la condition de confirmer sa décision chaque année, à n'en jouir qu'à soixante-cinq ans.

La **franchise postale** est accordée à la correspondance de l'associé avec la Caisse.

Dans des cas déterminés, la **pension** viagère peut être convertie en **capital** au-dessus d'une rente de 180 lire, et pour la somme excédant ce chiffre qui est considéré comme étant celui de la pension alimentaire.

Les **cotisations** des associés décédés avant la retraite passent au profit de la masse des associés du même âge et sous la même forme.

L'institution de la Caisse nationale de prévoyance pour l'invalidité et la retraite est donc très libérale.

En France, nous en sommes encore aux projets. L'opinion s'orienterait vers le système danois. Cependant, au point de vue pratique, la méthode italienne nous paraît plus applicable, plus conforme à l'esprit de liberté et aux traditions de fierté de l'ouvrier français.

Toutefois, en transplantant l'organisation des rivages du Tibre aux bords de la Seine, on pourrait la transformer et remplacer la **dotation** de l'Etat en argent par une concession territoriale à temps, sous forme de **bail emphytéotique** (1).

_____

(1) **Bail emphytéotique** : Contrat reconnu par la loi des 18-29 décembre 1790, et qu'on applique encore aujourd'hui, bien que le Code civil n'en parle pas, parce qu'il a été reconnu par des actes législatifs tels que les lois du 21 juillet 1826, du 28 juin 1829 (*art.* 8), du 24 avril 1832, etc.

Ce bail peut être contracté pour une durée extrême de 99 ans. Il cède la jouissance à long terme d'une maison ou d'un terrain moyennant une redevance ou *canon*, qui peut

L'ouvrier français, ingénieux et plein d'initiative, se montre, quand il le faut, ardent et dévoué à la chose commune. Il est capable de rechercher la richesse collective ouvrière par une coopération active et persistante avec ses camarades.

Or, nous avons, en France, des quantités de territoires inexploités, dans les montagnes et les vallées. L'**eau des torrents** (1) y permet la mise en valeur industrielle. C'est une fortune latente qui ne demande qu'à être utilisée. Il serait à examiner si la concession n'en pourrait pas être accordée pour quatre-vingt-dix-neuf ans à une Caisse nationale ouvrière d'invalidité, de décès et de retraite, dont l'entreprise serait garantie par le pays.

L'exploitation agricole et industrielle des territoires dont il s'agit pourrait être faite par d'innombrables bras qui, en déduction du travail de l'atelier, sauraient produire quelque chose de plus, pour l'intérêt de la classe des travailleurs. Ils y consacreraient à leur tour le temps réclamé de chacun, par un roulement établi, moyennant un salaire de l'Etat.

A l'expiration de la **concession**, les territoires laissés à temps à la Caisse, avec leurs travaux et leurs embellissements, pourraient même revenir à la nation

Elle en ferait bénéficier une entreprise nouvelle d'une autre siècle, pour assurer un progrès néces-

être réduite à une annuité de 1 franc. Il est soumis, quand il est passé par les communes avec un concessionnaire, à toutes les formalités exigées par la loi sur les aliénations.

(1) **L'eau des torrents**, appelée la houille blanche, permet de faire tourner des turbines pour produire la force, par application directe, ou par des machines dynamiques. Ainsi se peuvent installer de nos jours de merveilleuses usines dans les montagnes.

saire, par ses **ressources exactes**, permanentes et inépuisables, sans engager l'avenir par des emprunts.

Quant à la **Caisse des retraites ouvrières**, elle aurait eu le temps d'acquérir, pendant sa longue mise en œuvre de la richesse industrielle et commerciale, une dotation suffisante pour assurer une rente viagère à **tous les vieillards** et à **tous les infirmes.**

À ce moment-là, elle pourrait même, peut-être, se passer des souscriptions individuelles des travailleurs. Mais en attendant, chacun d'eux, par l'intermédiaire de trésoreries locales, régionales, adresserait sa **cotisation** régulière à la Caisse des retraites, qui vivrait autonome (1), sous la **sauvegarde** de l'Etat, et deviendrait ainsi un organe efficace de solidarité sociale.

Ce n'est du reste là qu'un système parmi bien d'autres.

Le Parlement français a même été saisi en 1901 d'un projet de création de retraites ouvrières. Nous l'expliquons et le commentons dans le chapitre suivant.

LII

PROJET DE LOI
SUR LES RETRAITES OUVRIÈRES
DU 2 JUILLET 1901

Le projet de loi du 2 juillet 1901 marque le début de la France dans l'organisation équitable du droit à la retraite, pour raison d'invalidité ou de vieillesse, au profit de tous les travailleurs.

(1) **Autonome** : Qui jouit du droit de se gouverner par soi-même.

Ce projet pose le principe de la retraite pour toutes les fonctions du travail, appréciées dans les droits, mérites et besoins des vieux ouvriers.

A

LE PRINCIPE DE LA RETRAITE

La Chambre des Députés, dans sa séance du 2 juillet 1901, a voté l'article suivant d'un **projet** de loi sur les retraites ouvrières.

« ARTICLE PREMIER.— Tout ouvrier ou employé, tout secrétaire ou auxiliaire employé par une association ouvrière a droit, s'il est de nationalité française et dans des conditions déterminées par la présente loi, à une **retraite de vieillesse** à **65** ans et, le cas échéant, à une **retraite d'invalidité**, payable mensuellement sur certificat de vie, délivré sans frais par le maire de sa commune.

« Ces retraites sont assurées par la Caisse nationale des retraites pour la vieillesse, les sociétés de secours mutuels et les caisses patronales ou syndicales, dans les conditions déterminées par les titres I à V de la présente loi.

Ce projet de loi arrivait à la fin de la session parlementaire. De plus, avant d'assumer la responsabilité de le transformer en loi, le Parlement voulait avoir **l'opinion** du monde ouvrier, dans tout le pays.

La loi projetée, qui avait été préparée par M. Millerand, à l'époque ministre du Commerce, et présentée par lui au nom du Gouvernement, passa donc pour un temps au second rang des préoccupations de la Chambre.

Mais le souvenir n'en est pas perdu; il reviendra à l'actualité, intact ou modifié. Il est donc nécessaire de ne pas le perdre de vue et de l'analyser avec attention, comme il convient de le faire pour une conception fortement pensée.

B

DISPOSITIONS ESSENTIELLES

Les dispositions essentielles du projet de loi sont nombreuses. Nous les exposons comme il suit :

Tout travailleur âgé de moins de soixante-cinq ans subit sur son salaire une **retenue de 0 fr. 05** par journée de travail, s'il n'a pas dix-huit ans ou s'il gagne moins de 2 fr. par jour; 0 fr. 10, s'il gagne de 2 à 5 francs ; 0 fr. 15 s'il gagne un salaire égal ou supérieur à 5 francs.

Les employés gagnant 4.000 francs de salaire annuel n'ont pas part à la retraite par la **Caisse nationale des retraites ouvrières.**

C'est le patron ou l'association ouvrière qui, sous sa responsabilité, effectue les retenues et y joint une **contribution** personnelle d'égale quotité.

Les travailleurs étrangers ne subissent pas de retenue, mais le patron verse pour chacun d'eux 0 fr. 25 par journée de travail.

Pour **recevoir** et faire valoir ces fonds, une Caisse nationale des retraites ouvrières est constituée, sous l'**autorité** administrative du ministre du Commerce, et la **gestion** en est confiée à la **Caisse des Dépôts et Consignations.**

Une commission est instituée au ministère du Com-

merce, pour donner son avis sur les questions intéressant la gestion administrative de la Caisse.

Chaque ouvrier possède un compte individuel à
la Caisse.

Les fonds de cette Caisse sont employés par la
Caisse des Dépôts et Consignations en valeurs de
l'Etat, jouissant d'une garantie de l'Etat, et en prêts
aux départements, communes, colonies, pays de pro-
tectorat, établissements publics, chambres de commerce, en valeurs internationales et en obligations
foncières ou communales du Crédit foncier.

Le tarif des retraites est calculé au taux de
3 0/0, d'après la table de mortalité de la Caisse nationale des retraites pour la vieillesse.

La Caisse nationale des retraites ouvrières indique
à tout bénéficiaire qui le réclame, en acquittant un
droit préalable de 10 centimes, le total des sommes versées à son compte pendant l'année précédente et le montant de la retraite éventuelle acquise
au 31 décembre.

LIQUIDATION DE LA RETRAITE

Tout travailleur peut réclamer la **liquidation**
de sa retraite à partir de l'âge de quarante-cinq ans.

Les travailleurs atteints d'invalidité prématurée
avant l'âge de 65 ans ont droit **à tout âge,** si les
versements à leur compte représentent au moins
deux mille journées de travail, à la liquidation anti-
cipée de leur retraite à raison des versements effectués.

Si la retraite ainsi **liquidée**, après constatation de l'invalidité, n'atteint pas deux cents francs, et si l'intéressé justifie qu'il ne jouit pas, y compris ladite retraite, d'un revenu personnel, indépendamment de tout salaire en argent et en nature, égal à deux cents francs, cette retraite **est majorée** jusqu'à concurrence de cette somme, par les soins de la Caisse, sans que, pourtant, la majoration puisse dépasser cent francs.

L'Etat, le département et les communes concourent obligatoirement aux charges résultant des majorations.

Au cas où l'invalidité viendrait à cesser, l'intéressé, après constatation faite à la requête, soit de la Caisse, soit du maire, se voit liquider sa retraite par anticipation, mais cesse d'avoir droit à toute majoration.

D

CAISSES DES RETRAITES OUVRIÈRES

Toute société de **secours mutuels** préalablement agréée à cet effet par décret rendu sur la proposition du ministre du Commerce, après avis du ministre de l'Intérieur, est admise à recevoir, pour les travailleurs qui lui sont affiliés, les versements auxquels les **employeurs** sont assujettis en conformité de ce projet.

L'employeur est tenu d'adresser les versements de l'ouvrier à la société, locale ou cantonale, que celui-ci lui désigne.

La société doit accorder à l'ouvrier des garanties et une retraite au moins égales à celles de la Caisse. Elle a l'obligation de transférer à cette Caisse la **réserve mathématique** (1) de la retraite à 3 0/0, dès que sa constitution ne peut plus être poursuivie par ses soins.

Les Caisses de retraites constituées par des **patrons,** et les **caisses syndicales** de retraites, autorisées par décrets après avis de la Commission supérieure de la Caisse nationale des retraites ouvrières, peuvent également recueillir les sommes destinées à ces retraites.

Chacun des décrets instituant ces caisses doit préciser le **mode de liquidation** des droits éventuels des bénéficiaires cessant de faire partie d'une caisse patronale ou syndicale, en vue du transfert de la valeur actuelle de ces droits à la Caisse nationale des retraites ouvrières.

Pour les **ouvriers de l'État,** régis au point de vue de la retraite par des lois spéciales, et quittant le service avant la liquidation de pension, ils verront assurer par des règlements d'administration publique le mode de liquidation à la charge de l'Etat des droits éventuels des bénéficiaires, en vue du transfert de leur valeur actuelle à la Caisse nationale des retraites ouvrières.

Dans les trois premiers jours du mois, l'employeur effectue ses versements pour la Caisse de retraite

---

(1) **Réserve mathématique** : Portion du capital social non disponible, réservée à la constitution de la retraite de chaque sociétaire. Elle varie avec le temps du sociétariat et le total des versements effectués.

patronale ou syndicale. Pour les ouvriers non affiliés à ces caisses, il est tenu des versements à la Caisse nationale.

Les retraites ouvrières sont **insaisissables** et incessibles jusqu'à la somme de trois cent soixante francs.

Tout travailleur peut effectuer des versements personnels pour **augmenter sa retraite**. Ces versements sont déposés par lui à la Caisse nationale des retraites et régis par la loi du 20 juillet 1886.

Les certificats et actes de notoriété et toutes les pièces relatives à l'exécution des prescriptions qui précèdent sont **délivrés gratuitement** et exemptés des droits de timbre et d'enregistrement.

Le projet de loi prévoit des dispositions transitoires :

E

DISPOSITIONS TRANSITOIRES

Les travailleurs qui auront 65 ans lorsque la loi sera appliquée, recevront **100 francs** d'allocation viagère, payés au moyen de quinze millions de francs, mis annuellement au crédit de la Caisse nationale des retraites ouvrières et des ressources prévues par la loi.

Les travailleurs ayant, à la même date, moins de soixante-cinq ans, recevront successivement suivant leur âge à cette date, la **retraite minima** fixée à soixante-cinq ans, pourvu qu'ils justifient de trente années de travail salarié, le service militaire compris, et de versements correspondant, au total, à

250 journées de travail au moins pour chaque année au-dessous de soixante-cinq ans.

Telle est la substance du projet de loi sur les retraites ouvrières.

Dans sa séance du **28 juin 1901,** la Chambre avait voté sur la proposition du Gouvernement et de la Commission, la prise en considération d'amendements de M. Bienvenu-Martin ayant trait : l'un à la situation des **travailleurs agricoles,** l'autre au régime des versements facultatifs pour les petits patrons, industriels, commerçants, agriculteurs, façonniers, domestiques.

Pour les ouvriers et **employés de l'agriculture,** le versement pour la retraite est uniformément de cinq centimes par journée de travail salarié, dont moitié à fournir par l'exploitant lui-même et moitié à prélever par lui sur le salaire avant payement. Ces versements sont opérés sur **déclarations** trimestrielles de l'exploitant ou par voie d'apposition de timbres retraites, lors de chaque paye, sur des livrets ou des cartes d'identité.

Les **artisans** (1) ou façonniers, les **colons** partiaires (2), métayers (3) et bordiers (4), les domestiques attachés à la personne, les commerçants ou

----

(1) **Artisan** : Celui qui exerce un art, un métier.

(2) **Colon partiaire** : Cultivateur qui rend au propriétaire une portion convenue des récoltes et des autres produits de sa ferme.

(3) **Métayer** : Colon qui administre un bien-fonds dont il donne pour fermage la moitié des fruits.

(4) **Bordier** : Fermier d'une terre de médiocre étendue, qui paye une redevance annuelle déterminée, en argent ou en fruits.

cultivateurs travaillant habituellement seuls ou n'employant habituellement que des membres de leur famille, sont admis à opérer trimestriellement des versements à la Caisse nationale des retraites ouvrières pour des sommes qui ne peuvent être **inférieures** à **5** francs, ni **supérieures** à **20** francs par trimestre.

Après 8 ans de versements, une retraite d'invalidité, sur justification, peut être accordée aux titulaires de comptes comportant les versements ci-dessus spécifiés.

F

APPRÉCIATIONS

Ce projet de loi ne peut manquer de conduire à une reconnaissance des droits de la vieillesse travailleuse. Il est une base qui permettra de réaliser plus tard l'assistance à toutes les misères et la récompense à tous les dévouements. Il a été critiqué avec raison par le monde syndical, qui a déclaré le taux de la retraite insuffisant. Mais la jeunesse doit se pénétrer de plusieurs des innovations qu'il préconise, parmi lesquelles se marque la même sollicitude pour les **ouvriers des villes,** pour **ceux des campagnes,** et pour les **petits artisans.**

C'est une page d'ébauche qui méritera d'entrer, remaniée, dans les annales de l'humanité. Elle y figurera, à côté des lois de protection et de défense de l'individu par la société. Néanmoins, nous répétions que les ouvriers possèdent d'autres moyens de faire face aux dangers de la vieillesse. Ils ont, dans la loi du 29 juillet 1893, le moyen de profiter des avantages conférés aux Associations de Travailleurs, et de tenter ainsi des salaires élevés, plus en harmonie avec les exigences du présent et de l'avenir.

LIII

ASSOCIATIONS DE TRAVAILLEURS

Les ouvriers sont admis à s'associer pour prendre part aux adjudications de l'Etat ou des communes.

Les propriétaires ruraux ont le même privilège pour la vente de leurs produits, notamment aux adjudications des fournitures de l'armée.

Certaines associations libres se forment également entre agriculteurs pour encourager la culture, la mettre au courant des procédés les meilleurs, et généraliser l'emploi des engrais chimiques.

Ces associations s'appellent des COMICES AGRICOLES. Ils organisent des concours et distribuent des primes aux meilleures exploitations agricoles et aux meilleurs produits.

1. — La loi du **29 juillet 1893** autorise les **associations d'ouvriers français** à prendre part « aux adjudications des travaux (1) communaux

(1) **Travaux** : Ils peuvent être exécutés au compte de l'Etat ou des particuliers, de différentes manières : 1° *à la journée ;* 2° *en régie simple,* par un délégué qui solde les dépenses sur avances ; 3° *en régie intéressée,* par un entrepreneur qui exécute le travail et paye à titre d'avance sur l'ordre d'un chef de service ; 4° *sur séries de prix,* c'est-à-dire au tarif d'un bordereau des prix prévoyant toutes les sortes d'ouvrages à effectuer ; 5° *à forfait,* quand le prix est fixé en bloc,

dans les conditions déterminées par le *décret* **du 4 juin 1888**, relatif à la participation des **sociétés françaises d'ouvriers**, aux *adjudications* et marchés passés au nom de l'Etat ». A **rabais égal**, c'est-à-dire à même remise consentie dans une adjudication entre une **association d'ouvriers** et un **entrepreneur**, la préférence est accordée de droit à l'**association.**

2. — Les petits propriétaires ont le pouvoir de s'associer pour participer aux **adjudications** de l'Etat, notamment à celles du ministère de la Guerre. Ils assument, chacun pour son compte, une part de l'adjudication divisée en **lots**, qu'il s'agisse de foin, de paille ou d'une autre marchandise agricole.

3. — Il existe également des associations d'agriculteurs et de propriétaires, formées pour l'étude des meilleurs procédés de culture et pour l'encouragement des initiatives chez les cultivateurs, etc.

4. — Ce sont les **Comices agricoles**, institutions libres, existant sous la seule condition d'approbation de leurs statuts par l'autorité préfectorale. Leur **circonscription** doit être bien déterminée. Leur **budget** se compose des **souscriptions** *de leurs membres et des* **subventions** *du ministère de l'Agriculture, du Conseil général.*

d'avance ; 6° *par entreprise à l'unité de mesure ou sur devis,* en prenant pour base un devis estimatif, avec application du prix correspondant à chaque nature d'ouvrage et le prix approximatif de chaque ouvrage d'après le mètre et les autres unités de mesure ; 7° *par concession*, quand l'entrepreneur se charge d'exécuter et d'entretenir un ouvrage à ses risques et périls, comme dans les chemins de fer ; 8° *de gré à gré*, par engagement souscrit à la suite d'un cahier des charges, ou par soumission, ou par correspondance.

5. — Associations d'encouragement à l'agriculture, les **Comices agricoles** organisent des concours, des **expositions** ; ils ouvrent aussi des **champs d'expérience.**

6. — Leur circonscription s'étend, soit sur un **canton**, soit sur un **arrondissement**, quelquefois même sur un **département** tout entier. Dans ce dernier cas est le département de Seine-et-Oise. Ils ont la faculté de recourir à l'assurance pour se garantir contre les risques que leurs entreprises peuvent occasionner.

LIV

LES ASSURANCES

L'ASSURANCE est un contrat qui garantit des risques incertains. Elle devrait devenir une des manières d'être de la mutualité, dans les nombreux cas où elle ne l'est pas encore.

Actuellement, elle est surtout entre les mains de sociétés financières. Elle garantit contre l'INCENDIE, la GRÊLE, la MORTALITÉ DU BETAIL. Elle s'exerce également SUR LA VIE, EN CAS DE MORT OU DE SURVIE. Disons que des sociétés mutuelles — mais en nombre restreint — assurent ces mêmes risques.

LA CAISSE DES DÉPOTS ET CONSIGNATIONS administre également, sous la garantie de l'Etat, une CAISSE D'ASSURANCE3 EN CAS DE DÉCÈS, et une CAISSE D'ASSURANCES EN CAS D'ACCIDENTS.

1. — L'assurance est un **contrat** qui repose sur des **événements incertains,** *indépendants de la volonté de l'assuré.* Comme tout contrat, celui-ci doit répondre à cinq conditions : 1° avoir une cause licite ; 2° un objet certain et déterminé ; 3° une

somme promise par l'assureur, correspondant aux risques ; 4° une somme payée ou payable par l'assuré à l'assureur, et qu'on appelle **prime d'assurances** ; 5° enfin, le consentement et la capacité des parties contractantes.

2. — Les **Assurances** se divisent en **assurances maritimes** et **assurances terrestres**. Ces dernières empruntent leur nom du risque qu'elles ont pour objet de garantir : **assurances contre l'incendie, la grêle, la mortalité des bestiaux ; sur la vie**, etc...

3. — Les **assurances** se divisent aussi en : **Assurances à primes fixes, et en assurances mutuelles.**

Dans les premières, l'assureur s'engage à **forfait**, c'est-à-dire d'avance, à indemniser l'assuré, moyennant le payement de la prime, des sinistres qui pourraient atteindre la chose assurée.

Dans l'**Assurance mutuelle**, le sociétaire prélève dans la masse des contributions le montant des sinistres ou dommages, jusqu'à concurrence de ce qu'il y en a en caisse.

4. — Des **syndicats agricoles** s'organisent parfois pour demander aux sociétés d'assurances des remises sur le montant des primes, en leur apportant à la fois les contrats d'un grand nombre de leurs membres.

5. — Il existe aussi des associations dont les membres mettent en commun des capitaux destinés à être répartis entre les *seuls survivants*, à une époque déterminée, proportionnellement aux mises. Quelquefois le partage a lieu entre les *ayants droit*

des décédés. Dans le premier cas, il s'agit d'une assurance en cas de survie; dans le second, d'une association en cas de mort. Ces associations s'appellent des tontines.

6. — **La Caisse des Dépôts et Consignations** régit, en vertu de la *loi* du **11 juillet 1860** et des *décrets* des **13 août 1868, 13 août 1877 et 28 novembre 1890**, *deux* **Caisses d'assurances, l'une en cas de décès, l'autre en cas d'accidents.** La première garantit contre les risques de mort prématurée, la seconde contre les risques d'accidents survenus dans l'exercice des travaux agricoles et industriels.

Aucune de ces assurances n'est obligatoire. La catégorie des pauvres gens y reste donc étrangère.

L'État a réservé aux indigents une dotation : c'est le fonds de l'Assistance publique, qui constitue pour les malheureux une ressource, bien insuffisante toutefois, et bien incertaine.

LV

LE BIEN DES PAUVRES

Les seuls services obligatoires de l'ASSISTANCE en France sont ceux des ENFANTS ASSISTES, des ALIÉNÉS, et celui des VIEILLARDS qu'une loi actuelle va établir. Pour le reste, les secours aux nécessiteux et aux indigents ne sont que facultatifs. Les organisations de bienfaisance privée ont, par contre, toute facilité pour venir en aide aux malheureux.

1. — Les seuls secours **obligatoires** que reconnaisse la législation actuelle sont ceux des **enfants assistés** et des **aliénés indigents.** Les **Dé-**

pôts de mendicité constituent une obligation morale dans les départements où la mendicité est interdite.

2. — Chaque département fait face à l'insuffisance des secours *hospitaliers* et des secours à *domicile*, dans la mesure où les sociétés de bienfaisance d'*initiative privée*, qui sont légion, ne peuvent répondre à toutes les misères.

3. — Mais la législation française laisse certaine latitude aux œuvres d'assistance privée, qui peuvent, sous des formes diverses, secourir les indigents.

4. — Quand il y a un **hôpital** *dans la commune*, les indigents malades doivent y être admis s'il y a des lits disponibles ; s'il n'en existe pas, leur admission est facultative et subordonnée au paiement d'un prix de journée par la commune. L'assistance des indigents valides est également facultative pour la commune.

5. — Grâce à un crédit spécial du ministère de l'Intérieur, celui du **service de médecine gratuite**, le Gouvernement encourage l'établissement, dans un grand nombre de communes, de l'**assistance médicale** aux indigents et aux nécessiteux.

6. — La **commune**, le **département** et l'**État** ont leur recours contre les personnes qui doivent des aliments à l'assisté.

7. — On le voit, la société française a beaucoup à faire pour les pauvres gens. Actuellement, il est pénible de penser que l'assistance ne peut jamais être revendiquée comme un droit par l'indigent.

8. — De toute nécessité, c'est aux **mutualités,** aux **syndicats,** à toutes les **œuvres charitables** qu'il faut réclamer un surcroît de bonté, de générosité, de dévouement. Tous les efforts doivent être combinés, associés. Aucun n'est inutile, quand il s'agit de faire le bien et d'assurer le plus élémentaire de tous les droits : le **droit à la vie.**

C'est pourquoi, en attendant qu'il soit affirmé, nous acceptons l'aide des bureaux de bienfaisance dans les conditions où ils existent, jusqu'à ce qu'on y substitue un système complet de solidarité sociale.

LVI

PROPOSITION DE LOI
adoptée par la Chambre des Députés

CRÉANT UN SERVICE PUBIC DE SOLIDARITÉ SOCIALE SOUS FORME D'ASSISTANCE OBLIGATOIRE AUX VIEILLARDS, AUX INFIRMES ET AUX INCURABLES

Tout Français privé de ressources, soit âgé de soixante-dix ans, soit atteint d'une infirmité ou d'une maladie reconnue incurable, a droit à une assistance obligatoire par la loi.

I

LE DROIT A L'ASSISTANCE OBLIGATOIRE

La Chambre des Députés a adopté un projet de loi dit de *solidarité sociale*. Il figure au procès-verbal de la séance du 18 juin 1903.

Ce projet a été transmis au Sénat, où il est à l'étude.

Il reconnaît le droit à l'assistance des vieillards âgés de soixante-dix ans, des infirmes et des incurables.

Tout enfant ayant vécu plus de trois ans donne droit à une réduction de six mois sur l'âge normal de la pension de vieillesse, au bénéfice de la mère justifiant qu'elle l'a élevé avec ses ressources jusqu'à l'âge où il a pu subvenir lui-même à ses besoins.

L'assistance est donnée par la commune, le département ou l'Etat, suivant la façon dont il est possible d'établir le domicile de l'intéressé.

Elle sera accordée aux étrangers, toutes les fois que le Gouvernement aura passé un traité d'assistance réciproque avec leur nation d'origine.

Un domicile de secours reconnu existant d'après les articles 6 et 7 de la loi du 15 juillet 1893, ne peut être ni changé ni perdu, après soixante-cinq ans.

II

LE SERVICE DE L'ASSISTANCE

Le service de l'assistance est institué, dans chaque département, par le Conseil général. En cas de refus de sa part, un décret ministériel peut l'organiser.

Chaque Conseil municipal dresse annuellement, avant sa première session, une liste des vieillards, des infirmes et des incurables qui ont droit au service de « solidarité sociale »; il propose le mode d'assistance qui convient. Il indique, si ce mode de secours est l'assistance à domicile, la quotité de l'allocation à accorder.

La révision de la liste s'effectue avant chacune des trois autres sessions du Conseil municipal. Tout intéressé dont la demande a été rejetée peut présenter sa réclamation à la mairie, pendant un délai de vingt jours.

Il est statué, dans le mois qui suit, sur les réclamations, le maire et le réclamant entendus ou dûment appelés, par une Commission cantonale composée du juge de paix, président, du conseiller général, d'un conseiller municipal dans l'ordre de nomination et de deux délégués des sociétés de secours mutuels du canton.

III

LA COMPÉTENCE ET L'APPEL

Le président de la Commission donne, dans les huit jours, avis des décisions rendues au préfet et au maire, qui opèrent sur la liste les additions ou les retranchements prononcés.

Ces décisions sont susceptibles d'appel au ministre de l'Intérieur dans les vingt jours, par la personne intéressée.

Le ministre saisit de l'appel une Commission centrale, instituée par le projet de loi. Ce recours n'est pas suspensif.

La Commission cantonale dresse la liste du service de solidarité sociale, si le Conseil municipal refuse de l'établir.

La Commission départementale prononce l'admission à l'assistance des vieillards, des infirmes et des incurables qui ont le domicile de secours départemental. Le Conseil général peut réformer ses décisions. Le pourvoi contre une décision de la Commission départementale doit être introduit dans le délai de deux mois auprès du ministre.

Le préfet prononce l'admission à l'assistance des vieillards, des infirmes et des incurables qui n'ont pas de domicile de secours. Le recours contre sa décision doit être porté devant la Commission départementale.

IV

LA COMMISSION CENTRALE

La Commission centrale du Ministère est composée de quinze membres : deux sénateurs; deux députés; un délégué du ministre de l'Intérieur ; deux délégués du ministre du Commerce ; deux délégués du Conseil supérieur des Sociétés de secours mutuels, choisis parmi les représentants de ces sociétés ; deux délégués du Conseil supérieur de l'Assistance publique ; quatre membres choisis parmi les personnes versées dans les questions d'assistance.

V

RÉPARTITION DES ALLOCATIONS DE L'ASSISTANCE

Les intéressés reçoivent l'assistance à domicile ou dans leur famille. Ils peuvent être admis, de leur consentement, dans un hospice public, dans un établissement privé, chez des particuliers, ou dans un établissement public ou privé où le logis leur est assuré, indépendamment d'une autre forme d'assistance. Le mode d'assistance appliqué à chaque cas individuel peut être modifié.

L'assistance à domicile consiste en une allocation mensuelle qui ne peut être inférieure à huit francs.

Quand l'ayant droit dispose de certaines ressources, la Commission compétente, suivant les cas, déduit du taux applicable à la résidence de l'intéressé le montant de ces ressources. Toutefois, celles qui proviennent de l'épargne, comme une pension de retraite, n'entrent pas en compte si elles n'excèdent pas soixante francs. Cette quotité est élevée à cent vingt francs pour les ayants droit justifiant qu'ils ont élevé au moins trois enfants. Les ressources qui proviendraient à l'ayant droit des œuvres de bienfaisance n'entrent en décompte que pour la moitié.

La jouissance de l'allocation commence du premier jour du mois où l'intéressé est admis à l'assistance; cette allocation est insaisissable et incessible. Elle est acquittée en mandats mensuels délivrés par le maire, le préfet ou le ministre de l'Intérieur, suivant le domicile.

VI

L'HOSPITALISATION

L'hospitalisation peut se faire dans des établissements choisis par le Conseil municipal, sur la liste des hospices publics ou privés dressée par le Conseil général. Le prix de la journée de séjour dans les hospices est réglé par le préfet sur la proposition des Commissions administratives et du préfet. Il est révisé tous les cinq ans.

VII

DISPOSITIONS DIVERSES

Les dépenses d'assistance mises à la charge des communes par la présente loi sont obligatoires pour elles. La loi définit les ressources à y consacrer, parmi lesquelles se trouvent les fondations et libéralités faites pour être employées au service de solidarité sociale; une subvention du bureau de bienfaisance, une subvention du département, en cas d'insuffisance de revenus, etc...

Les hospices, hôpitaux, sont tenus de contribuer à l'exécution de la présente loi, conformément aux conditions de la donation, si elle a été spécialement affectée à l'assistance à domicile des vieillards, des infirmes et des incurables.

L'Etat contribue par des subventions aux dépenses de construction ou d'appropriation nécessitées par la présente loi.

A Paris, la Commission cantonale est remplacée par une Commission d'arrondissement.

Telle est l'économie générale du projet de loi instituant un service public de solidarité sociale. C'est le plus original, le plus complet, le plus social de tous les projets de loi. C'est la fin du régime de l'arbitraire pour les vieillards, les infirmes, les incurables. C'est une conception de justice dépourvue de

tout intérêt; c'est enfin l'abnégation sociale érigée
à la hauteur d'un principe d'Etat.

LVII

LES BUREAUX DE BIENFAISANCE

**Les BUREAUX DE BIENFAISANCE, chargés de la dis-
tribution des secours à domicile, sont entièrement indépendants de l'organisation communale. Ils se répartissent l'administration charitable d'une ville, après
l'avoir divisée en quartiers. Ils possèdent des ressources à eux et cherchent à remédier aux misères que
leurs visiteurs découvrent.**
**Leurs secours ont un caractère essentiellement tempo-
raire.**

1. — Les administrations préposées au service
des **secours** à **domicile** s'appellent des **Bureaux de Bienfaisance.**

La loi du **7 frimaire an V**, qui les a institués,
prescrit qu'ils soient formés à raison d'au moins
un par commune, et d'un plus grand nombre si les
besoins de la population indigente l'exigent. Chaque
organisation, d'après cette loi, devait être composée
de cinq membres.

2. — La **Commission administrative** du Bureau est actuellement réglementée par les lois du
21 mai 1873 et du **5 août 1879.** Elle doit être
composée de six membres renouvelables et du
maire. Deux de ces membres sont élus par le **Conseil municipal ;** les autres sont choisis par le
préfet.

3. — La présidence du Bureau appartient au
maire. Il a voix prépondérante pour départager les

suffrages des membres de la Commission. Les femmes peuvent être nommées administratrices du Bureau de bienfaisance.

4. — Les administrateurs restent étrangers à tout maniement de deniers. Ces fonctions concernent le **receveur,** désigné par le préfet sur une liste de trois noms proposés par la Commission administrative.

5. — Lorsque les revenus du Bureau de Bienfaisance n'excèdent pas 30.000 francs, le receveur municipal en est de droit le comptable. Au-dessus de cette somme, la Commission a le droit de désigner un receveur spécial.

6. —. Les administrateurs délégués ou visiteurs doivent remettre leurs secours aux indigents et aux nécessiteux, autant que possible, *en nature.* Les Conseils municipaux n'ont pas le droit dé *s'immiscer dans l'administration charitable, ni d'usurper ses fonctions.* La distribution des secours à domicile no leur appartient pas.

7. — La Commission administrative du Bureau de Bienfaisance, d'après la loi du **15 juillet 1893,** est qualifiée, ou bien seule, ou conjointement avec la Commission administrative de l'Hospice, s'il en existe un, pour organiser le service de l'**Assistance médicale gratuite.**

8. — Les revenus des Bureaux de Bienfaisance proviennent, en premier lieu, de la *part proportionnelle aux indigents de l'arrondissement.*

Ensuite, ces revenus s'augmentent des recettes suivantes : 1° Des **collectes** faites par chaque administrateur, dans son arrondissement ou quar-

tier respectif; 2° des **subventions** des communes, des départements et de l'Etat; 3° des **dons** et
legs faits aux pauvres, dont ils sont les représentants légaux; 4° de **dîmes** que la loi leur attribue
sur les diverses recettes effectuées dans les réjouis-
sances publiques payantes; 5° du **tiers** du produit
des **concessions de terrains** accordées dans
les **cimetières.**

9. — Le Bureau doit intervenir discrètement. Les
secours en sont essentiellement passagers. En
cas de **chômage,** il recherche, d'accord avec la
municipalité, le moyen de former des **ateliers
d'assistance,** ou d'organiser des travaux profi-
tables à la commune. Il tente, par ce moyen, d'enle-
ver au secours le caractère pénible qu'il revêt pour
celui qui le reçoit et qui préférerait se le voir attribuer sous la forme d'un salaire laborieusement
gagné. Tout cela est infiniment délicat. Cependant,
au lieu de perfectionner simplement l'Assistance, at-
tachons-nous à développer l'éducation sociale. Plus
les hommes auront en eux de ressources morales
pour se conduire, plus ils montreront de ressort
en présence des difficultés prêtes à les entraver. Ils
trouveront une règle et des énergies individuelles
suffisantes pour tous les actes importants de la vie.
Ils se garantiront ainsi contre la misère et les insuccès.

CINQUIÈME PARTIE

LES ACTES DE LA VIE

LVIII

L'ÉTAT CIVIL

Tout ouvrier — tout chef de famille surtout — doit remplir exactement les formalités requises par l'ÉTAT CIVIL, en ce qui concerne les NAISSANCES, MARIAGES, DÉCÈS des siens, ou des voisins, ou des étrangers, pour lesquels il est apte à témoigner.

L'état civil est la situation constitutive pour chacun de son individualité juridique.

1. — C'est dans les **mairies** que sont tenus les registres de l'état civil.

Tout **ouvrier,** tout **citoyen**, doit s'acquitter exactement des **formalités** qu'il comporte. On conçoit la nécessité de le tenir en règle, puisqu'il représente la condition d'une personne en tant qu'origines, états légaux successifs.

2. — La **naissance** d'un enfant doit être déclarée au maire, **officier de l'état civil**, dans les **trois** jours, par le père, le médecin ou les autres personnes renseignées sur ce fait. **L'acte de naissance** est dressé de suite, en présence de **deux témoins.**

3. — Le **mariage** est célébré publiquement dans

la commune où l'un des époux a son domicile, après *deux* **publications** faites à *huit* jours d'inter-valle. Le certificat constatant ces **publications** doit être produit avant le **mariage,** en même temps que *l'acte de naissance* des époux, *l'acte authentique du consentement des père et mère* ou *aïeul et aïeule,* absents.

4. — Pour se marier, l'homme doit avoir au moins **dix-huit** ans révolus, et la femme **quinze** ans révolus. S'il se manifeste des **oppositions** au mariage (1), l'**officier de l'état civil** ne peut y procéder que sur le vu des *jugements* ou des actes de *mainlevée,* c'est-à-dire d'annulation, dont une *expédition* ou copie doit lui être remise.

5. — **Le décès** se constate par **deux témoins,** devant l'officier de l'état civil qui en dresse un **acte.** Les témoins doivent être, autant que possible, les deux plus proches parents ou voisins de la personne *décédée.*

6. — Deux circulaires du ministre de l'Intérieur des **18 mars 1877** et **15 février 1879,** confirmées par la loi du **5 avril 1884** classent, parmi les dépenses obligatoires pour la commune, celle des **livrets de famille.**

7. — Le **livret** est destiné à recevoir, par extrait, les énonciations principales des **actes de**

---

(1) **Mariage** : Les formalités qui le précèdent sont : deux publications devant la porte de la mairie de la commune de chacune des parties contractantes ; la production des pièces suivantes : actes de naissance, acte authentique du consentement des parents, s'ils sont absents, ou actes de décès ; extrait de l'acte des publications

l'**état civil** intéressant chaque famille (1). Il est remis, par l'**officier de l'état civil**, aux jeunes époux, le jour de leur mariage. Toutes les fois qu'il y a lieu de faire dresser un **acte de naissance ou de décès**, il est représenté. A la suite de la mention sommaire de l'acte, l'**officier de l'état civil** appose sa **signature** et le **cachet** de la mairie.

8. — Un ouvrier soigneux a toujours à la maison des **papiers**. On appelle ainsi des pièces permettant d'établir son identité. Ce sont, par exemple : son **acte de naissance** ou un extrait de cet acte ; son **livret militaire**; son **acte de mariage**, s'il y a lieu; ses **quittances de loyer**; ses **cartes d'électeur**; des **enveloppes** reçues par la poste.

9. Pour pouvoir établir sa parfaite honorabilité, l'ouvrier a la faculté de demander un **extrait de son casier judiciaire** au Procureur de la République. Sa demande ne restera pas plus de **quarante-huit heures** sans réponse. Si le certificat parvient à l'intéressé, certifié **néant**, cela est une preuve qu'il n'a jamais subi de condamnation devant la **police correctionnelle** ou la **cour d'assises**.

10. — Pour les actes de la vie civile, le citoyen doit donner une indication de **domicile légal**, c'est-à-dire l'adresse de la maison où il a son logement. Il est important qu'elle soit habitée par des gens convenables et louée dans de bonnes conditions.

---

(1) **Famille** : On remet aussi quelquefois aux familles le *Petit Livre des Parents Éducateurs*, par M. Bidart.

LIX

LE LOYER

L'ouvrier habitant en GARNI ne paraît pas stable. Il inspire bien plus la sympathie et le respect en s'installant dans ses meubles.

C'est ce qu'il doit réaliser dès qu'il a quelques économies. Le logement qu'il louera se paie au TERME (1), avec des exigences diverses résultant des usages de la ville ou de la région où l'on se trouve.

Le congé doit être donné un terme à l'avance.

1. — La loi n'est sévère que pour le loyer en **maison garnie.** A la date des **19-20 juillet 1791,** **titre Ier, art. 5,** elle a imposé des obligations très sévères aux personnes qui tiennent des maisons de ce genre. L'industrie de ces loueurs est prévue par l'*ordonnance de police* du **25 octobre 1883.** Leur immeuble subit la surveillance des agents. Il doit être fermé à l'heure réglementaire. Les noms, prénoms de leurs locataires doivent figurer sur un **registre** *spécial.* Il est interdit aux **logeurs** de donner asile aux vagabonds et aux gens sans aveu.

2. — L'ouvrier a intérêt à rester le moins longtemps possible le locataire d'une **maison garnie.** La réputation en est mauvaise. Celle des **cités,** où les locataires sont entassés dans des logements étroits, et où ils payent **à la huitaine, à la quinzaine,** s'installent, déménagent et se rempla-

---

(1) **Terme** : Temps préfixe de payement. En général, les loyers des villes se payent aux quatre termes. Pour bien des campagnes, le terme unique est la *Saint-Jean,* 24 juin.

cent sans cesse, est mauvaise aussi. Un ouvrier courageux *se met dans ses meubles* et va habiter une maison convenable.

3. — Avant d'*arrêter* un logement, une précaution essentielle est de le visiter minutieusement. Un coup d'œil attentif sur la tapisserie, pour s'assurer qu'elle est propre ; un examen de l'**orientation** de chacune des chambres ; l'évaluation mentale de la *hauteur* des plafonds ; le **dénombrement** des placards ; l'**appréciation** des *commodités : évier perdant l'eau, necessity-closets, grenier, cave,* doivent retenir l'attention du visiteur. Il doit s'enquérir, auprès de la concierge, des facilités aussi bien que des servitudes de la maison : possibilité de laver du linge dans les logements, heure de fermeture de la *porte-cochère,* accès libre ou non des fournisseurs dans l'escalier.

4. — En garnissant la **police de location,** le visiteur se refusera à signer *son congé en blanc,* cet acte étant contraire aux intérêts du locataire ainsi qu'à la justice.

5. — L'usage veut qu'on donne à la concierge le **denier-à-Dieu,** comme arrhes du marché conclu. La location a lieu au **terme,** c'est-à-dire par **trimestre.**

6. — Le **propriétaire** exige souvent d'avance le payement d'un **terme** ou d'un **demi-terme.** Cet usage constitue un abus, les *meubles* du **locataire** formant déjà pour le propriétaire une garantie légale suffisante de ce qui lui est dû.

Pour les logements d'un loyer inférieur à 400 francs, le **congé** venant, soit du propriétaire, soit du locataire, doit être donné, à Paris, un **terme** d'avance. Le déménagement a lieu le 8 du mois qui suit l'échéance du **terme**

Un bel exemple est celui de ces nombreuses familles dont toute l'existence s'écoule dans la même maison. Pour elles, il serait facile d'établir en quelques minutes le bilan de chacun de leurs membres dans l'unique mairie qu'ils ont fréquentée. Tous les actes importants de la vie officielle, dont nous allons parler, s'y sont accomplis. C'est là un exemple qui ne saurait trop être recommandé aux méditations des gens instables qui éparpillent leur vie et se ruinent en déménagements.

LX

CHOSES A SAVOIR

Les devoirs d'un homme ne deviennent effectifs que s'il possède la compétence voulue pour les exercer.

Un ouvrier doit connaître son devoir à l'égard de l'État, comme SOLDAT, comme ÉLECTEUR, comme CONTRIBUABLE. L'accomplissement des DEVOIRS CIVILS et POLITIQUES de la part de chaque citoyen est, en effet, aussi nécessaire à la manifestation consciente de sa personnalité sociale, que la satisfaction complète à la volonté de penser, de croire, l'est à l'affirmation de sa personnalité morale.

Donc l'ouvrier doit apprendre à connaître tous ses devoirs.

1. — A vingt ans, un jeune homme est conscrit.

Il part au régiment. Au retour, il se trouve

ouvrier, électeur, contribuable, mais sans expérience.

Il n'est pas riche et ne saura peut être malheureusement pas échapper au **crédit**, déplorable pour qui n'en connaît pas les dangers.

De plus, dans les obligations officielles de la vie, il n'a pas réuni les connaissances pratiques nécessaires pour ne pas être pris au dépourvu.. C'est un savoir usuel qu'il lui faut acquérir sur toutes ces questions.

2. — Initions-le à ces diverses fonctions et disons d'abord qu'un **conscrit** est le jeune homme français qui a été porté par le **maire** de son *domicile légal* sur les **tableaux de recensement**, le 1er janvier, parce qu'il avait atteint l'âge de **vingt ans** l'année précédente.

Il va au **tirage au sort** ou s'y fait représenter. Obligatoirement, par exemple, il subit son **conseil de révision.**

Il doit le service militaire de **vingt à quarante-cinq ans** : dans l'armée active *pendant trois ans ;* dans la **réserve de l'armée active** *pendant dix ans ;* dans l'**armée territoriale** *pendant six ans* (4-19 juillet 1892, art. 1er).

Comme **réserviste**, il est tenu de faire *deux fois* vingt-huit jours; comme **territorial**, *une fois* treize jours.

3. — Les citoyens français âgés de vingt et un ans et jouissant de leurs **droits civils et politiques**, sont inscrits chaque année, du **1er au 10 janvier**, sur les **listes électorales**, par la commission administrative chargée, en vertu de

la loi du 7 juillet 1874, de la *revision* de ces **listes.**

Ceux qui *accompliront* les conditions d'âge et de **six mois** de résidence dans la commune, *avant* le **31 mars,** date de la **clôture** des listes, y seront inscrits également.

4. — Les **citoyens** prennent part aux élections régionales suivantes : à celle du **conseil municipal,** dont les membres sont élus tous les **quatre ans ;** à celle du **conseil d'arrondissement,** élu pour **six** ans et renouvelable par moitié tous les **trois** ans ; à celle du **conseil général,** élu également pour **six** ans et renouvelable par moitié tous les **trois ans.** Ces élections ont pour circonscriptions respectives : la première, la **commune,** les deux autres, le **canton.** Elles sont simplement **administratives.** Pour être candidat à l'une de ces trois sortes d'élections, il faut avoir au moins **vingt-cinq** ans.

5. — Les **électeurs** précédents participent à l'élection des **députés,** élus pour **quatre** ans et tous renouvelables à la fois.

L'élection des **députés** est une élection politique, de même que celle des **sénateurs.** Cette dernière a lieu tous les **neuf** ans. Mais la première est faite par *tous* les électeurs, tandis que la seconde a lieu par des **délégués sénatoriaux** appartenant à la catégorie des **élus** *municipaux,* auxquels s'ajoutent des *élus* du premier degré, **électeurs sénatoriaux** *de droit.* C'est donc une élection au second degré.

6. — Les **contribuables** sont les habitants du territoire français, payant au moins l'un des **qua-**

tre **impôts directs** suivants : contribution foncière, cote personnelle et mobilière, portes et fenêtres, patentes.

7. — La **contribution foncière** atteint, par
égalité proportionnelle, le revenu **net** imposable de
toutes les **propriétés immobilières**, c'est-à-
dire appartenant au sol, *bâties* ou *non bâties*. L'état
général de ces propriétés, établi par **plan** et par
matrice (1) ou registre, constitue le **cadastre.**
Chaque commune de France possède ainsi un plan
cadastral de son territoire comprenant : un **plan
général** et des **plans de sections.** Le registre correspond au plan. Il indique la situation ou
lieu dit de chaque article de terrain, contient les
mutations, les noms, prénoms des propriétaires,
les *numéros* du **plan cadastral**, la nature des
propriétés, la contenance des **articles**, l'indication des classes, le revenu des articles.

8. — La **contribution foncière** est un **impôt** de répartition (2) pour les propriétés **non
bâties**, classées en : terres labourables, — jardins
potagers, — jardins d'agrément, parterres, — prai-
ries, — pâturages, — terres vaines et vagues, lan-
des, bruyères, — bois, — terrains portant des arbres
et des cultures mêlées, — terrains enclos, — étangs,
— canaux, — mines et carrières, — salines, salins,
marais salants, — chemins de fer.

(1) **Matrice cadastrale** : Le registre original d'après lequel sont établis les rôles de contribution. Ses biens-fonds
dont il indique, en détail, la quantité et la valeur.

(2) **Impôt de répartition** : Celui par lequel on détermine
d'abord ce que chaque commune doit payer, pour que la
répartition se fasse entre les habitants.

9. — Pour ce qui est de la **propriété bâtie**, le **Parlement** a admis le principe de la quotité (1) dans l'**assiette** de cette contribution.

Cette modification figure dans la loi du **8 août 1890.L'article 5** de cette loi établit que cet impôt sera calculé par rapport à la **valeur locative,** sous déduction d'un quart pour l'usure des maisons, et d'**un tiers** pour celle des usines.

10. — Les propriétés bâties sont classées comme suit : maisons d'habitation, — bâtiments ruraux, — établissements industriels, — chantiers, lieux de dépôt, — bains ou moulins sur bateaux, bacs, — ponts.

11. — **La taxe personnelle et mobilière** est un impôt de répartition entre les départements, les arrondissements et les communes. Elle est de **trois journées de travail** évaluées d'après les circonstances locales. Elle est due par les Français des deux sexes jouissant de leurs droits et non indigents, dans la commune où ils sont domiciliés, à partir de vingt-un ans ou de leur émancipation.

12. — La **contribution des portes et fenêtres** est établie sur les ouvertures, sans exception, donnant « sur les rues, cours et jardins de bâtiments et usines, sur tout le territoire de la République ». Ainsi s'exprime la loi du **4 frimaire an VII** en son article 2.

13. — La **contribution des patentes** est due, d'après la loi du **15 juillet 1880,** par « tout

---

(1) **Impôt de quotité** : Celui par lequel on détermine immédiatement ce que chaque personne doit payer.

individu, Français ou étranger, qui exerce en France un commerce, une industrie, non compris dans les exceptions déterminées par la loi ».

14. — Du nombre de ces exceptions sont, parmi les individus : les *peintres, artistes*, les *professeurs*, et, parmi les groupements, les *sociétés coopératives*.

Il existe encore d'autres contributions, dites **indirectes**(1). Elles ne sont payées qu'au moment de faire certaines acquisitions ou lorsqu'on se trouve dans certaines situations ou circonstances spécifiées par les lois.

Tels sont les faits de législation et d'administration publiques qui doivent être connus du citoyen et observés par lui.

Un ménage ordonné paye régulièrement ses contributions, et s'évite ainsi les tracasseries du fisc, dont les rigueurs devraient être adoucies. D'ailleurs il ne fait de dettes que lorsqu'il y est forcé par le besoin. S'il doit connaître le crédit, c'est pour s'en défier, avec la certitude qu'il mène à la ruine.

LXI

LE CRÉDIT

La confiance que nous inspirons autour de nous assure notre crédit, c'est-à-dire notre pouvoir d'emprunter de l'argent en engageant notre parole ou notre signature.

Le crédit envisagé comme nous venons de le faire, sous forme de marque de confiance, s'appelle le **CRÉDIT PERSONNEL**.

(1) **Contributions indirectes** : Elles sont des impôts de consommation mis sur les allumettes chimiques, les boissons, l'enregistrement, l'huile, la licence, le sel, le sucre, le tabac, le timbre, le vinaigre, les voitures publiques. L'acheteur les paye par l'intermédiaire des commerçants.

Le CRÉDIT RÉEL est celui qui repose sur la GARANTIE en MEUBLES ou IMMEUBLES, que nous sommes à même d'offrir au prêteur.

1.— On ne saurait trop répéter qu'il est dangereux pour l'ouvrier de faire des **emprunts.**

Mais, comme le **crédit** est un élément de l'activité individuelle qu'il n'est pas toujours loisible à un homme de refuser, il faut le connaître pour se le rendre moins onéreux, à l'occasion.

2. — Supposons que je m'appelle Louis Rosier, et que j'aie besoin d'argent. Je m'adresse à un ami, ou à un banquier auprès de qui j'ai un **crédit personnel,** c'est-à-dire qui a confiance en moi. Il accepte de me prêter les cent cinquante francs qu'il me faut, moyennant que je lui souscrive un **billet à ordre,** contre lequel il puisse se procurer lui-même de l'argent, s'il en a besoin avant l'échéance de ma dette.

3. — J'écris donc, sur un papier timbré, ce qui suit !

« B. P. F. 150 (Bon pour francs 150).

« Au vingt-cinq janvier prochain, je m'engage à payer à M. Gorsit, banquier, ou à **son ordre,** la somme de cent cinquante francs, valeur reçue en espèces.

« Louis Rosier

« Paris, le 30 décembre 1903. »

4. — Le papier timbré dont je me suis servi était à **timbre proportionnel.** Au-dessous d'un emprunt de **cent** francs, le papier aurait été

à timbre de cinq centimes. Jusqu'à deux **cents** francs, on emploie un timbre de **dix centimes,** et ainsi de suite en augmentant la progression de **cinq centimes** par **cent francs.**

5. — M. Gorsit ne m'a pas remis cent cinquante francs. Il a retenu l'**escompte** ou intérêt de la somme empruntée, jusqu'au jour de l'**échéance.**

6. — J'ai mentionné, en *libellant* l'**effet :** « ou à son ordre ». Cela signifie que M. Gorsit peut, à son tour, **négocier** *mon* **billet à ordre,** pour toucher de l'argent en abandonnant l'**escompte** du nombre de jours à courir depuis le moment où il le cède, jusqu'au jour de l'échéance définitive.

7. — M. Gorsit eût pu exiger, pour me prêter de l'argent, une autre signature avec la mienne. C'eût été une **caution** ou **avaliseur.**

L'avaliseur eût écrit sur le **titre : Bon pour aval,** et signé son nom.

8. — Quand M. Gorsit a **négocié** *mon* **effet,** il l'a daté au **verso** ou **dos,** en exprimant la valeur qu'il avait reçue en échange, et la nature de cette valeur qu'il a appelée : **espèces.** Il a écrit également le nom du bénéficiaire (1) de l'effet. Cette écriture s'appelle un endossement. Si la transaction avait eu lieu en nature, mon créancier aurait écrit, à la place de la mention **espèces,** celle de **marchandises.**

9. — M. Gorsit eût pu, au lieu d'accepter *mon* **billet à ordre,** préférer une **lettre de change** ou **traite** ainsi conçue :

(1) **Bénéficiaire :** Celui à qui une cession est faite.

« A Monsieur Louis Rosier, négociant, rue de Bel-Air, n° 6, à Paris.

« Je vous prie de vouloir bien payer à moi-même ou à *mon ordre*, au vingt-cinq janvier prochain, la somme de cent cinquante francs, contre cette lettre de change de la même valeur.

« GORSIT.

« Paris, le 30 décembre 1903. »

10. — Contre cette **lettre de change** accep-tée et signée par moi, M. Gorsit eût pu me prêter l'argent. Il eût pu également me remettre le **titre** et m'adresser à une tierce personne pour le faire **escompter.** La **lettre de change** ou traite se prête donc aux mêmes opérations que le **billet à ordre.**

11. — **L'effet** peut être **sans frais,** et alors il ne donne lieu à **aucune poursuite,** s'il reste **impayé.** Mais si aucune mention n'indique cette réserve, l'effet est remis à l'**huissier,** le soir de l'**échéance,** et **protesté.** Le protêt (1) entraîne des frais et peut amener un procès.

12. — Quand il s'agit d'un **prêt sérieux** et à longue échéance, on a recours au **crédit réel :** terre, maison. Dans ce cas, le **prêt** est garanti par une **hypothèque** consignée à l'enregistre-

(1) **Protêt :** Constat de refus de payement rédigé par l'huis-sier. Il doit être signifié le lendemain de l'échéance, au domi-cile du tiré et de ses cautions. Si le tiré ne se libère pas à l'instant du montant de sa dette et des frais, l'affaire est portée devant le juge de paix, dans un délai de quinze jours.

Devant de telles difficultés, qui ne se règlent pas sans des frais importants, évitons de recourir au crédit.

ment. Les immeubles seuls peuvent donner lieu à une **prise d'hypothèque.**

13. — Les **monts-de-piété** prêtent sur **nantissement** de bijoux, de linge. Les **fonds de commerce** sont considérés comme des **valeurs mobilières,** et peuvent, en conséquence, être donnés en **nantissement.**

14. — Certaines sociétés consentent des prêts contre *remise* do **titres: actions** ou **obligations, assurances.**

15. — Les **Magasins généraux** reçoivent des **dépôts** de marchandises. Ce sont des **gages** d'emprunts ultérieurs. Les **docks** sont dans le même cas. Les uns et les autres délivrent des *certificats* appelés **warrants,** qui équivalent à de véritables **lettres de change.**

Tous les actes que nous venons d'énumérer sont sujets à des litiges. Pour les éviter ou les régler, il faut avoir recours aux hommes de loi.

LXII

LES HOMMES DE LOI

Le **NOTARIAT, l'ENREGISTREMENT,** la **CONSERVATION DES HYPOTHÈQUES,** les **ÉTUDES D'AVOUES, D'HUISSIERS,** sont des institutions avec lesquelles l'ouvrier est exposé à prendre contact en mainte circonstance. Il est nécessaire d'en connaître le rôle, longtemps avant d'avoir à s'en servir.

1. — Si j'ai une terre ou une maisonnette à vendre, je cherche à régler mon opération à l'amiable. J'ai justement, je suppose, un voisin qui veut bien devenir mon acquéreur.

2. — Je me rends chez lui et nous rédigeons un **acte de vente** sur **papier timbré**. Nous écrivons ce qui suit :

« Entre les soussignés (noms, prénoms, domiciles, professions), il a été convenu que Louis Rosier vendait à Joseph Tibaud la terre de (situation, contenance, confrontants, numéro du plan cadastral, nature de terre), pour la somme de cinq cent quarante-huit francs, payables au comptant. »

3. — Au-dessous de ces indications, nous faisons figurer la date, le nom de M. Tibaud et le mien. Tibaud me donne de l'argent. Je lui en fais un reçu *sur le titre même.*

4. — Nous recopions le libellé de **l'acte de vente** sur une deuxième feuille de papier timbré, chacun de nous devant avoir un exemplaire du traité entre les mains.

5. — Nous nous rendons ensemble — ou même l'acquéreur peut s'y rendre seul — chez le **receveur de l'enregistrement.** Celui-ci consigne sur ses registres la vente que j'ai faite à Joseph Tibaud. Il en établit une mention sur l'acte **de vente.**

De cette manière, cet **acte** acquiert une **date certaine.** Au point de vue fiscal, il est soumis à un impôt de **mutation de prorpiété** au profit du Trésor. Le payement en rend la cession inattaquable.

6. — **L'acte** ainsi passé *entre acquéreur et vendeur*, sans intermédiaire, s'appelle un **acte sous seing privé** (1). On a un **délai de trois mois**

(1) **Sous seing privé :** Acte fait entre les particuliers, sans l'intervention d'un officier public.

pour le faire enregistrer. Il y a des délais d'enregistrement, différents pour la France et pour les colonies et l'étranger. Quand il s'agit d'une déclaration de **mutation** par suite d'un décès survenu en France, le délai est de **six mois.**

7. — Nous étions libres, tout à l'heure, de passer notre acte de vente *par-devant* **notaire.** Nous aurions alors eu un **acte public** (1) mieux rédigé sans doute que le nôtre et plus précis, mais aussi qui eût été plus onéreux. Quand l'acte à passer est d'un usage facile et courant, on évite donc les frais de **notariat.**

8. — Le **notaire** dresse les **actes d'achat,** de **vente, d'hypothèques, de sociétés,** les **contrats de mariage,** les **testaments** (2).

9. — Le **conservateur des hypothèques** de l'arrondissement tient le compte de toutes les dettes qui grèvent les immeubles de sa circonscription. Il en délivre des **relevés** sur demande.

10. — Quand une terre grevée d'**hypothèques** est cédée moyennant un prix convenu, l'acquéreur doit, avant d'en effectuer le payement, exiger une **purge d'hypothèques.**

11. — Les actes qui précèdent se font **administrativement.** Les contestations qu'ils peuvent engendrer demandent l'intervention d'un **pouvoir judiciaire.**

(1) Acte public, solennel, authentique : Celui qui émane d'un officier public, ou dans lequel intervient un officier public agissant dans l'exercice de ses fonctions.

(2) Testament : Acte officiel de déclaration des dernières volontés; s'appelle *otographe* s'il est écrit si signé par le testateur; *public,* s'il est reçu devant témoin et notaire; *mystique,* s'il est remis fermé et scellé chez un notaire, en présence de six témoins.

Quand on a une contestation que le **juge de paix** ne parvient pas à **concilier** et qu'il n'est pas compétent pour **juger**, il faut avoir **recours**, pour les **affaires civiles**, au **tribunal de première instance**, chargé de juger les différends d'intérêt entre les particuliers.

12. — La première chose à faire est de constituer un **avoué**. Il se charge de représenter son **client** devant le **tribunal**.

13. — Cet **avoué** fait signifier et exécuter la **procédure** nécessaire à l'instruction du procès, les jugements, les titres revêtus de la forme exécutoire, par l'intermédiaire d'un huissier.

14. — **L'huissier** est également chargé d'assigner toute personne devant les **tribunaux**.

15. — Pour éviter les soucis et les chagrins qui naissent de la chicane, des contestations, des procès, vivons calmes chez nous, et supportons les petites misères plutôt que d'être dans l'obligation d'en tarir judiciairement la source. De cette façon, nous remplirons notre carrière, sans soucis comme sans reproches, ayant uniquement demandé au travail le respect et la considération que le sentiment public décerne à l'honnête homme.

LXIII

LES SANCTIONS DE LA VIE OUVRIÈRE ET LES SANCTIONS DU MÉTIER

De la part de sa famille, de la cité, de l'Etat, le vieux travailleur est l'objet de marques de sympathie.

On place à sa boutonnière le ruban du travail. On lui demande conseil.

A tous ces témoignages de respect dont il est fier, le vieillard préfère la satisfaction du devoir accompli dont la tradition revivra avec son courage, en ses enfants.

Le vieux travailleur vertueux a des droits à la reconnaissance de sa famille, de la cité, de l'Etat.

Ses enfants et ses neveux l'entourent de soins, veillent sur sa santé, son bien-être. Ses concitoyens l'appellent aux fonctions du **Conseil municipal.**

Ces marques de considération, de la part des gens qui l'ont connu, établissent nettement que sa carrière fut exempte de fautes, et qu'il l'employa tout entière à continuer la tradition d'honneur et de loyauté de ses ancêtres.

Mais les témoignages d'estime et de respect de ses proches et de ses concitoyens ne sont pas les seuls qui ornent la vieillesse de l'ouvrier.

L'Etat veut qu'on distingue, entre tous, les services qu'il a rendus. Il a institué à son intention les **médailles d'honneur** aux ouvriers et employés.

A cet effet, un décret du 16 juillet 1886 a mis à la disposition du ministre du Commerce cette distinction, à laquelle le travailleur a droit après trente années de services dans le même établissement industriel ou commercial.

Elle consiste en une médaille d'argent, qui se porte suspendue à un ruban tricolore disposé horizontalement et dont la partie rouge est immédiatement au-dessus de la médaille.

Des médailles spéciales ont été créées pour les

ouvriers français comptant plus de trente années de bons services consécutifs dans les établissements ressortissant au département **de la Guerre.** Des médailles existent également pour récompenser les agents des **services pénitentiaires.** D'autres décorations ont été instituées en faveur des **ouvriers ruraux** et des ouvriers de l'**industrie**(1)

Mais la plus belle des récompenses, pour l'ouvrier dont la carrière s'est accomplie dignement, est la *satisfaction du devoir accompli.* En se reportant au passé, il ose reconnaître que son temps n'a pas été perdu pour le bien. Il attend dans le calme l'heure qui mettra fin pour lui à l'activité utile dont il aura fait un bon usage et dont il laissera, en mourant, la tradition à ses fils.

LXIV

CONCLUSION

1. — Notre tâche d'éducateur est accomplie, dans la limite des recherches que nous nous étions proposées à travers l'horizon de la vie ouvrière.

(1) L'Académie française décerne chaque année des Prix de vertu aux personnes qui ont accompli des actions méritoires ou dont la vie exemplaire a fait honneur à leurs contemporains. Les maires les communes et les citoyens doivent informer l'Acadén... des faits dignes d'être récompensés, qui sont à leur connaissance.

La Société Nationale d'Encouragement au Bien, 66, rue Caumartin, décerne des médailles d'honneur à la belle conduite et aux actes de vertu.

Vous devez commencer à comprendre, **jeunes gens**, l'intérêt qu'il y a, pour un ouvrier, à connaître ses **devoirs** et ses **droits**, comme **homme, chef de famille, travailleur et citoyen.**

2. — Je suis assuré que vous avez réfléchi à la nécessité de mettre votre **éducation** et votre **instruction** usuelles à la hauteur du rôle que vous devez remplir.

3. — Vous savez que vous devez vous habituer à trouver en votre **for intérieur** une indication juste et sévère de l'orientation de votre conduite vers l'accomplissement du bien.

Nous avons établi des conseils à ce sujet. Ils sont exposés dans les chapitres de l'**éducation personnelle de l'ouvrier.**

4. — Après avoir tenté l'esquisse de vos devoirs, nous vous avons montré tous les **ouvriers** *solidaires* réalisant le **progrès** par l'accord sur le **marché du travail.** Nous avons reconnu la nécessité de tout prévoir, parmi les actes qui intéressent la collectivité des travailleurs. Ces considérations nous ont conduit à tenter une **éducation sociale du métier.**

5. — Mais la société elle-même suit le progrès à l'avant-garde, tandis qu'une sagesse veille sur elle à l'extrême arrière-garde, pour tendre une main secourable à ceux qui n'ont pas la force d'aller vite : C'est la **loi**, pâle mais nécessaire reflet de la règle morale.

6. — La **loi** est le trait d'union entre hier et de-

main ; elle assure la solution de continuité dans les efforts vers le bien.

La nécessité d'une **éducation légale du métier** est donc facile à concevoir.

7. — Nous avons aussi signalé, parmi les fonctions sociales, celles que la **loi** *réglemente*, et dont la connaissance constitue **l'éducation économique.**

Enfin, nous avons voulu préciser la conduite de l'homme en présence des situations les plus fréquentes et nous avons esquissé une ligne de conduite à propos des **actes de la vie.**

Telle est l'économie de ce livre. Il vous parle de beaucoup de choses. Pour le bien comprendre, il vous faudra le relire plusieurs fois.

8. — Gardez-le bien, jeunes gens. Son dessein a été de vous montrer la vie d'ouvrier sous ses diverses manifestations, afin que vous réfléchissiez, sachant ce qu'elle est, au bien qu'on peut y faire. Pour cette seule intention, épargnez-lui l'oubli, et faites-en l'un de vos compagnons de route et de vos conseillers.

9. — Vous appartenez à l'un des plus agréables pays du monde, où des **richesses** sans nombre sont encore intactes, et sans propriétaires, sous forme de **mines,** de **sources thermales,** de **force motrice** à mettre en valeur.

10. — Poursuivez le but de faire valoir ces biens et d'en attribuer le bénéfice à chaque famille, à chaque individu. Recherchez la possession de quelque chose, afin que vous ne soyez plus un étranger dans le pays.

Vous avez assez d'instruction pour obtenir ce résultat.

Il suffit que ce livre vous ait appris à aimer le travail pour qu'on puisse avoir confiance en vous. Vous avez, à présent, une explication suffisante de la vie pratique. Elle ne vous a pas été présentée comme un rêve, mais comme une réalité compliquée.

Ces pages ont été pour vous pleines de conseils, d'avis, d'enseignements. Il ne vous reste plus qu'à faire votre profit des idées qui s'y trouvent exposées.

Pas plus avec ce livre tout seul qu'avec les autres, vous ne serez devenus des hommes accomplis, si vous n'appliquez à votre volonté les règles que votre esprit connaît maintenant.

Toutes les relations nécessaires à établir entre vous et les principes de l'éducation vous ont été signalées. Vous vérifierez les dires du livre à chaque moment de la vie quotidienne.

Il était donc nécessaire de mettre cet ouvrage entre vos mains à votre entrée en apprentissage. Nous vous prions de l'accepter comme un guide.

Il faut que ces pages vous amènent à penser : « Oui, je suis un homme et je n'entends pas méconnaître les privilèges de ma naissance. S'il faut combattre contre les tristesses, je serai du côté de l'humanité. Je lutterai pour les droits de ma race en recherchant du bonheur et de la vertu pour tous ceux qui se trouvent au-dessous de moi, dans les sombres et plaintives sphères de la société où couvent la misère, la fierté et le dévouement. »

Addendum

MODIFICATIONS A LA LÉGISLATION SUR LES PRUD'HOMMES

Le projet de loi du 26 novembre 1903 qui remplace toutes les législations anciennes sur les Prud'hommes, a introduit des modifications dans les textes que nous avons cités : pages 150 à 153. Il maintient les conseils de prud'hommes dans leur ancien mode de création et conserve les mêmes divisions de justice, quoique sous des noms nouveaux : **bureau de conciliation, bureau de jugement.** Il reconnait aux Prud'hommes réunis en **assemblée générale**, le droit d'élire leurs président et vice-président ; il rompt, en plusieurs autres points, avec le passé.

Au dernier alinéa de l'article 5, cependant, une clause importante apparaît, celle qui confère l'**électoral aux femmes** possédant la qualité de **Françaises**, réunissant les conditions d'âge, d'exercice de la profession et de résidence, et n'ayant encouru aucune des condamnations prévues aux articles 15 et 16 du décret organique du 2 février 1852.

L'article 13 applique aux **pérations électorales** des Conseils de Prud'hommes, les articles 13, 18 à 25, 26, §§ 1er et 8, 27 et 29 de la loi du 5 avril 1884 sur les élections municipales.

Les parties doivent toujours se rendre en personne devant le tribunal. Exception est faite en cas d'absence ou de maladie. Les chefs d'industrie peuvent toujours se faire représenter.

Les protestations sont formées et instruites, conformément à l'article 11, §§ 5, 6 et 7, et à l'article 12 de la loi du 8 décembre 1883.

Les délibérations du bureau de jugement, en cas de partage des voix, sont renvoyées devant le même bureau présidé par le **juge de paix.**

Les **jugements** du Conseil des Prud'hommes, d'après l'article 32, sont *définitifs* et *sans appel*, sauf du chef de compétence, lorsque le chiffre de la demande n'excède pas **trois cents francs.** Ce chiffre est fixé, sous l'ancienne législation, à **deux cents francs** comme nous l'avons appris.

L'article 32 contient en sa clause finale une mention à propos de **jugements passibles d'appel** qui peuvent être déclarés exécutoires **par provision,** avec dispense de caution jusqu'à concurrence du **quart** de la somme formant l'objet du litige, sans qu'elle puisse dépasser **cent francs.**

L'article 31 rompt avec l'ancienne législation qui renvoyait les appels devant le Tribunal de commerce, où ne siègent que des patrons. Il les attribue au **tribunal civil.**

Mais la législation nouvelle aura surtout le mérite d'avoir déclaré de droit la Constitution d'un Conseil de Prud'hommes demandée par le **Conseil municipal** de la commune où il doit être établi quand l'enquête auprès des Chambres de commerce, des Chambres consultatives des arts et manufactures, du Conseil général du département, de ou des Conseils d'arrondissement du ressort indiqué et de la majorité des Conseils municipaux des communes devant composer la circonscription projetée est favorable.

L'article 55 assure une certaine autonomie aux Conseils de Prud'hommes, qui peuvent se donner un **règlement intérieur** par délibération prise en assemblée générale, sous réserve de l'approbation du Ministre de la Justice.

Enfin, la législation projetée écarte de la jurisprudence toutes les vieilles lois et formules qui encombraient l'institution des Prud'hommes, et qu'elle abroge pour les reprendre sous des formules nouvelles. Elle y introduit des innovations appropriées aux besoins et au progrès de notre époque, d'ores et déjà appelée : le **Temps économique.**

TABLE DES MATIÈRES

TROISIÈME PARTIE

ÉDUCATION LÉGALE DU MÉTIER

1° Lois de protection

2° Lois d'organisation

3° Lois d'association

QUATRIÈME PARTIE

ÉDUCATION ÉCONOMIQUE DE L'OUVRIER

CINQUIÈME PARTIE

LES ACTES DE LA VIE

Paris. — Imp. C. LAMY, 124, Boulevard de la Chapelle. —16171

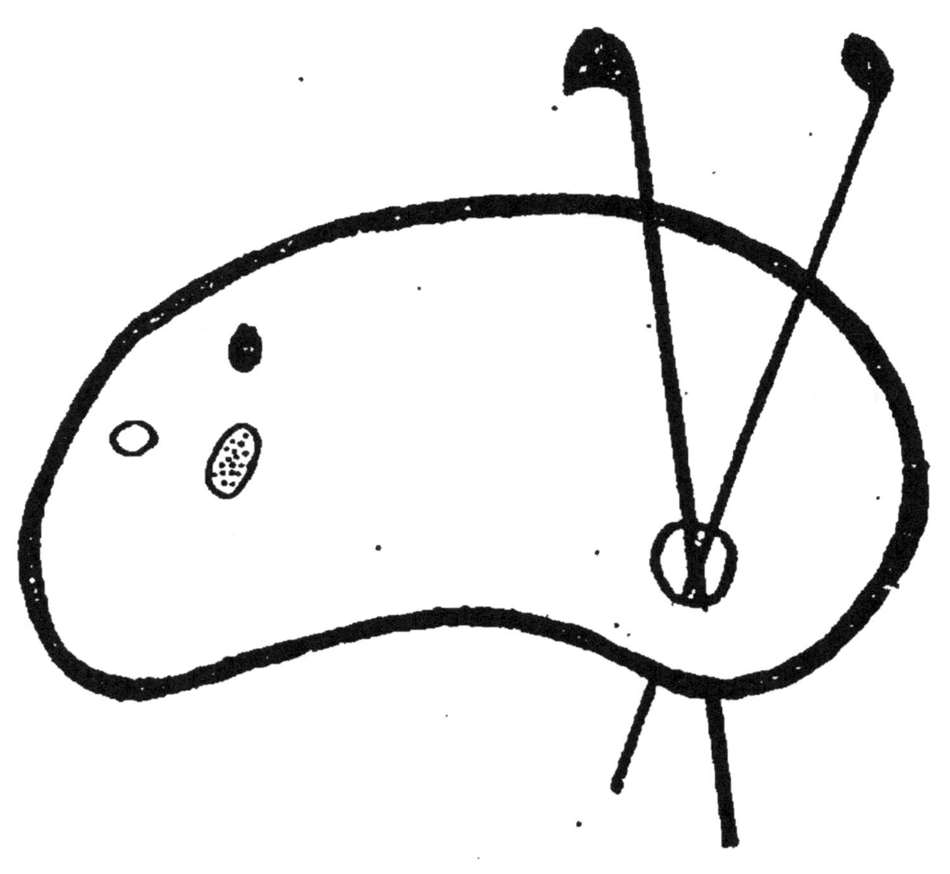

ORIGINAL EN COULEUR
NF Z 43-120-8